HEYNE BÜCHER

Christa Muths

Farbtherapie

Mit Farben heilen – der santfte Weg zur Gesundheit

Farben als Schlüssel zur Seele

Originalausgabe

WILHELM HEYNE VERLAG
MÜNCHEN

HEYNE RATGEBER
08/5045

Umwelthinweis:
Dieses Buch wurde auf
chlor- und säurefreiem Papier
gedruckt.

10. Auflage
2. Auflage dieser Ausgabe

Printed in Germany 1997
Umschlaggestaltung: Atelier Adolf Bachmann, Reischach
Innenillustration: Designstudio Fleischer, München
Satz: DTP
Herstellung: U. Walleitner
Druck und Bindung: RMO München
ISBN 3-453-09371-2

Inhalt

Vorwort

Oft erscheint es zunächst unglaublich, wenn sich vermeintliche Zufälle des Lebens zu einer in sich stimmigen Abfolge zusammenfügen und das Leben sich völlig verändert.

Angefangen hat die ganze Entwicklung mit meinen Eltern. Zu Hause wurden Krankheiten fast ausschließlich mit Hausmitteln behandelt: Kräutertees, Wadenwickeln, heißen Brustumschlägen mit Schmalz usw. Die Auffassung meiner Eltern war, daß Ärzte Krankheiten nur verschlimmerten und daß die Natur genug Mittel bereitstellte, um Krankheiten, die aus der Natur entstehen, auch wieder zu heilen.

Der Satz »Es ist nichts umsonst im Leben. Jede Erfahrung, die man macht, kann man verwerten«, ein weiterer Grundsatz, den ich von zu Hause mitbekam, hat sich in meinem Leben sehr bestätigt. Nach abgeschlossener Lehre, Bürotätigkeit, Studium und Lehrtätigkeit in Deutschland ging ich aus persönlichen Gründen nach England.

Meine Begegnung mit einem englischem, beruflichen Wünschelrutengänger, der für die englische Polizei mit Wünschelrute und Pendel vermißte Personen sucht, war für mein Leben entscheidend. Er erzählte mir von den Farben in meiner Aura, meinen Heilerfähigkeiten, übersinnlichen Kräften usw.

Aufgrund meiner wissenschaftlichen Vorbildung stand ich diesen Dingen zunächst zwar etwas skeptisch, aber doch mit großem Interesse gegenüber. Ich arbeitete mit ihm zusammen an mehreren Fällen. Diese Arbeit veränderte mein Leben völlig. Mein altes »nutzloses« Interesse an Quantenphysik erwachte wieder, und alle weiteren Erfahrungen wurden unter diesem Aspekt verarbeitet.

Die Ausbildung als Fußzonenmasseusin war der Beginn dieser neuen Laufbahn, dann folgte die Ausbildung als Heilerin und von da an überschlug sich die Entwicklung.

In diesem Buch habe ich die Ergebnisse meiner beruflichen Erfahrungen der letzten Jahre als Farbtherapeutin, Heilerin sowie meiner spirituellen Aura-Readings und Meditations-Klassen niedergeschrieben. Das Gebiet der Heilung mit Farben ist bei weitem noch nicht voll erschlossen, doch ich hoffe, mit meinem Buch so viel Anregung gegeben zu haben, daß die Methode ins alltägliche Leben integriert werden kann und Ihnen hilft, ein ganzheitliches Verständnis zu entwickeln. Ich hoffe außerdem, daß diese Methode Anregungen denjenigen gibt, die in Heilberufen tätig sind.

Zum Schluß einige Worte des Dankes für die Unterstützung und Hilfe beim Zustandekommen des Buches. Ganz besonders herzlichen Dank an Erna Tom, ohne die das Buch nicht zustande gekommen wäre. Darüber hinaus bedanke ich mich bei Birte Bossow für ihre konstruktive Kritik und bei Brigitte Hardt und Brigitte Thielen für ihre Unterstützung bei der Durchsicht des Manuskriptes.

Christa Muths-Franz
London, im Herbst 1989

Plädoyer für ein ganzheitliches Verständnis des Lebenssystems

Einstein hat mit der Relativitätstheorie nachgewiesen, daß alles, was wir beobachten, wahrnehmen und analysieren, immer von unserem individuellen Grundverständnis und unserer spezifischen Wahrnehmung einer jeweiligen Sache abhängt, d. h., daß es im wahrsten Sinne des Wortes keine unabhängige Objektivität gibt. Unsere Beobachtungsfähigkeit, unsere Auffassungsgabe, unsere Intelligenz, unser Bewußtsein, all das hängt von unserer Erfahrung ab und unterscheidet sich von der Erfahrung anderer Menschen. Deshalb müssen wir unsere Erfahrungen und Eindrücke mit denen anderer Menschen vergleichen. Auch die Ergebnisse der modernen, sogenannten »objektiven« Wissenschaften hängen vom subjektiven Interesse und den Wahrnehmungsstrukturen und -fähigkeiten der Wissenschaftler ab.

Die Quantentheorie beweist, daß wir nichts völlig unabhängig, völlig objektiv messen können, da das Ergebnis des Experimentes vom Bewußtsein des jeweiligen Wissenschaftlers abhängt. Die moderne Quantentheorie geht davon aus, daß das Bewußtsein des untersuchenden Wissenschaftlers mit der zu untersuchenden Einheit eine Verbindung eingeht und sich deshalb das Objekt dem Wissenschaftler anders darstellt, als wenn es nicht gemessen würde (1).

Der englische Biologe Dr. Rupert Sheldrake vertritt die Theorie, daß alle organische und anorganische Materie ein morphogenetisches (gestaltbildendes) Umfeld hat, das gemessen werden kann (2). Dr. Lyall Watson, ein irischer Biologe, berichtet in mehreren Büchern über die Fähigkeit verschiedener Lebewesen, miteinander zu kommunizieren, sich untereinander auf Gefahren hinzuweisen (3). Er berichtet von der Beobachtung verschiedener Biologen über die Kommunikationsfähigkeit von Bäumen, die sich gegenseitig über die Gefahr von Rinde fressenden Käfern informieren.

Alle Erfahrung hinterläßt bei organischen und anorganischen Lebewesen eine Information im morphogenetischen Feld, welches von Dr. Lyal Watson als »energetischer Mantel« bezeichnet wird. Damit können sich Lebewesen miteinander verständigen, und dieses Umfeld kann von anderen Lebewesen zumindest teilweise gesehen, gelesen bzw. verstanden werden. Landläufig wird dieses Umfeld bei Menschen die Aura genannt.

Aber nicht nur Lebewesen haben dieses energetische Umfeld. Dasselbe trifft auf Steine, Edelsteine, Metalle etc. zu. Geologen haben festgestellt, daß Steine zu bestimmten Tageszeiten eine höhere Aktivität in ihrem energetischen Umfeld aufweisen als zu anderen Zeiten. Sie schlossen daraus, daß auch die Steine miteinander kommunizieren.

Es gibt Seher, die beispielsweise aus den Steinresten von Ruinen das ganze Haus »nachzeichnen«, d. h. nachvollziehen können. Dies ist später dann auch anhand vorliegender Bauunterlagen überprüft und als richtig bestätigt worden.

Erfahrung ist Information, und diese Information geht nicht verloren. Sie erhält sich im Energieumfeld jedes organischen oder anorganischen Wesens. Für den Menschen heißt das, daß sich alle Erfahrungen in seinem Energiefeld niederschlagen und dort von befähigten Personen gesehen und gelesen werden können.

Wer beurteilt nun, ob das hier Berichtete alles richtig ist? Was davon ist richtig und was falsch? Der Versuch, etwa als *richtig* oder *falsch* zu beurteilen, ist nicht stimmig. Er entstammt einer längst überholten Vorstellung von der Idee, daß man beurteilen kann, daß überhaupt Voraussetzungen zur Beurteilung vorhanden sind, daß man etwas besser einschätzen kann und daß damit eine Beurteilung überhaupt möglich ist.

Mit Einsteins Relativitätstheorie wurde nachgewiesen, daß Sir Isaac Newtons Theorie der Schwerkraft »falsch« sein mußte. Newton lehrte, daß Zeit und Universum absolut sind, und Einstein widerlegte diese Theorie. Trotzdem basieren die Konstruktionen von Raumschiffen immer noch auf Newtons Idee der Schwerkraft, der Anziehungskraft der Erde. Seine Ideen der Schwerkraft der Erde haben wir in der Schule gelernt und unsere täglichen Erfahrungen, daß alles nach unten fällt, basieren immer noch auf diesen Lehren. Einstein erweiterte diese Lehre um eine neue Dimension, sie wurde dadurch ganzheitlicher.

An diesem Beispiel sehen wir, daß man mit *richtig* und *falsch* sehr vorsichtig und am besten überhaupt nicht umgehen sollte, besonders in wissenschaftlichen Bereichen. Wie oben schon angeführt, sind wir alle nur in der Lage, unsere Umwelt entsprechend unserer persönlichen Voraussetzungen und Fähigkeiten wahrzunehmen.

Das Problem der Beurteilung – nicht aber das der Benennung – erübrigt sich dann. Ein neues Prinzip des Austausches und der Kommunikation ist somit realistischer und hilfreicher in der Erkenntnis der Dinge.

Wir lernen dadurch, von unserem eigenen Standpunkt zu abstrahieren und die Wertigkeit anderer, verschiedener Standpunkte wahrzunehmen, offener und interessierter anderen Denksystemen gegenüber zu werden.

Wissenschaftliche Daten entstehen und existieren innerhalb unseres Verständnishorizonts und können sich deshalb leicht ändern. Der Ansatz des Newtonschen Zeitalters, der auf Einzelerfahrung und nicht auf Interaktion und Kommunikation ausgerichtet war, hat uns von der ganzheitlichen Betrachtungsweise entfernt und engte dadurch auch unsere wissenschaftliche Perspektive ein (4). Wir müssen uns jedoch darüber im klaren sein, daß alle Forschungsarbeit sowie unsere tägliche Arbeit und Wahrnehmung von einer nicht physikalischen Energie, nämlich von unserem Bewußtsein, beeinflußt werden.

Durch die Umweltprobleme (Glashauseffekt und Loch in der Ozonschicht, saurer Regen, Zerstörung des Regenwaldes in Süd-Amerika etc.) wissen wir z. B., daß – als Folge des sogenannten Fortschritts in den Industrieländern – die ganze Erde unter bestimmten Folgen zu leiden hat. D. h., wir sind nicht nur im kleinen Rahmen, von Mensch zu Mensch oder von Baum zu Baum oder Wal zu Wal miteinander verbunden, sondern auch innerhalb des gesamten Weltgeschehens.

Die Zusammenhänge zwischen dem einzelnen und dem Weltgeschehen werden z. Zt. noch von relativ wenigen Menschen gesehen, obwohl Philosophen, Mystiker und Seher schon seit Jahrtausenden darauf hingewiesen haben. Vom wissenschaftlichen Standpunkt betrachtet, entspricht die Quantenphysik heute dem Ganzheitsprinzip.

Dieses Buch beschäftigt sich nur wenig mit globalen Zusammenhängen, der Schwerpunkt liegt auf dem Zusammenhang zwischen Geist, Psyche und Körper und den Heilungsmöglichkeiten dieses Ganzen mit Farben.

Das Universum drückt sich in Farben aus, wie Ouseley feststellt: »Die Farben sind die Sprache des Universums« (5). Es gilt daher der Grundsatz, daß, wenn alles zusammenhängt und voneinander abhängig ist, wenn wir unseren Minikosmos, Geist, Psyche und Körper heilen, wir damit auch die Heilung der Erde beeinflussen.

Die Farbtherapie hat einen heilenden Effekt in allen Bereichen, sie beeinflußt den Körper, aber auch Emotionen und Geist.

- In der chinesischen, japanischen und tibetanischen Medizin enthält der menschliche Körper ein System vielfältiger Energielinien und -punkte (Akupunktur), die sich bei vorhandener Gesundheit im Ausgleich befinden.
- In der alten chinesischen Medizin war man der Ansicht, daß die Lebensenergie durch diese Energielinien fließen würde. Heute sieht man die Lebensenergie sowohl im Blut als auch im Ablauf der Körperfunktionen, d. h. der Gesamtprozeß des Körpers ist Ausdruck der Lebensenergie (6) und ist gleichzeitig die Lebensenergie. Die Thermographie ist eine neue Technik, mit der man die Temperaturen verschiedener Körperteile ermittelt und in Form eines Bildes aufzeichnen kann. Von Krebs befallene Gebiete erscheinen stärker rot als andere, das weist auf eine vermehrte Wärmestrahlung hin.
- Die Kirlianphotographie zeigt, daß krankhafte Prozesse an verstärkten Energiefeldern zu erkennen sind. Heiler können diese verstärkten Energiefelder mit ihren Händen wahrnehmen.

Wenn der Körper normal arbeitet, d. h., wenn alle Lebensenergien des Körpers ungehindert fließen können, fühlt man sich wohl. Kommt es jedoch zu einer Blockierung des Flusses oder, wie die westlichen Mediziner sagen, zu einer Funktionsstörung im Organismus, so entwickeln sich Krankheiten.

Diese »Funktionsstörungen«, die zur Erkrankung führen, sind jedoch im Körper nur Ausdruck in der »letzten Instanz«, sozusagen als Auswirkung von früheren, tiefer liegenden »Funktionsstörungen« im Fluß der Lebensenergie des geistigen und emotionalen Bereiches. Diese schlagen sich langfristig als Funktionsstörungen im körperlichen Bereich nieder.

Den meisten Menschen ist im allgemeinen nicht klar, daß sich ihre Krankheiten im eigenen Körper entwickelt haben, daß sie also selbst der wichtigste Faktor für die Krankheitsentstehung sind und daß sie infolgedessen auch den wichtigsten Beitrag zu ihrer Heilung leisten müssen.

Viele Menschen geben die Verantwortung für ihre Erkrankung an die Mediziner ab, nehmen Tabletten, »geben ein Stück ureigener Einflußnahme aus den Händen«. Sie ordnen »sich blindlings anonymen Kräften wie der computergesteuerten Diagnostik mittels eines computergesteuerten Röntgenapparates in einem computergesteuerten Labor« (7) unter. Es fällt ihnen gar nicht auf, daß sie dabei wie ihr eigenes Auto behandelt werden.

Die moderne westliche Medizin hilft heute zwar, einen großen Teil der körperlichen Symptome zu beseitigen, doch oft entwickeln die Kranken nach erfolgreich verlaufenen Therapien neue, schwerwiegende Krankheiten oder Störungen. Je intensiver die Natur der Krankheit erforscht wird, desto zwingender wird die Schlußfolgerung, daß monokausale Theorien als Ursache für eine umfassende Krankheitstheorie nicht ausreichen.

In der chinesischen Medizin und Philosophie besteht Leben und damit Gesundheit und Krankheit aus Yin und Yang, dem Positiven und dem Negativen, die sich miteinander im Gleichgewicht befinden sollen.

YIN symbolisisert	**YANG symbolisiert**
Schwarz	Weiß
Negativ	Positiv
Weiblich	Männlich
Körper	Verstand
Erde	Geist
Mond	Sonne
Nacht	Tag
Macht	Feuer

YIN symbolisisert	**YANG symbolisiert**
Dunkelheit	Helligkeit
Wasser	Hitze
Kontraktion	Ausdehnung
Tendenz nach oben zu fließen	Tendenz nach unten zu fließen (8)

Das menschliche Gehirn unterliegt einer ähnlichen Teilung. Wir unterscheiden zwischen linker und rechter Gehirnhälfte. Jede dieser Gehirnhälften ist für bestimmte Fähigkeiten verantwortlich:

Linke Gehirnhälfte	**Rechte Gehirnhälfte**
Logik	Intuition
Analytisches Denken	Analoges Denken
Intelligenz	Holistik
Sprache	Symbolik
Lesen	Musik
Schreiben	Geruch
Rechnen	Gestaltwahrnehmung
Aufschlüsselung der Umwelt	Ganzheitserfassung
Digitales und Lineares Denken	Raumempfinden
	Geschlossenes Weltbild
Zeitabhängigkeit	Zeitlosigkeit

John Moore erklärt in seinem Buch »Being in your Right Mind« (9) viele Konflikte des Lebens und auch Geisteskrankheiten aus ungelösten Widersprüchen zwischen rechter und linker Gehirnhälfte. Moore lokalisiert in der linken Gehirnhälfte Angst, die nach Sicherheit, Stabilität und Kontinuität verlangt, und in der rechten Gehirnhälfte Wünsche, die nach Identität, Kraft und Status (Anerkennung) verlangen; diese Widersprüche führen zwangsläufig zu Konflikten und, wenn diese Konflikte nicht gelöst werden, zu Krankheiten. Der Mensch der westlichen Gesellschaften gestaltet sein Leben überwiegend aus den Energien der linken Gehirnhälfte. Das neue Wassermann-Zeitalter wird eine grundsätzliche Veränderung mit sich bringen.

Der monokausale Ansatz ist in der westlichen Medizin heute noch üblich; es werden die körperlichen Symptome behandelt, ohne tieferliegende emotionale Probleme zu beachten. Auf der anderen Seite wissen wir auch, daß selbst länger andauernde Psychotherapien oft erfolglos sind. Die physische oder die körperliche Behandlung, für sich allein genommen, bieten nicht unbedingt die Voraussetzungen zur Veränderung von Geist, Psyche und Körper. Die drei Bereiche gehören im ganzheitlichen Verständnis zusammen und beeinflussen sich gegenseitig. Zu einer erfolgreichen Behandlung und Heilung müssen »alle drei« Bereiche therapeutisch angesprochen werden. In diesem Zusammenhang sollten Krankheiten als etwas Positives, als Chance betrachtet werden, die uns auf bestehende tieferliegende Konflikte aufmerksam machen. Wir können uns durch Krankheit und einen evtl. Arbeitsausfall Zeit nehmen und versuchen, uns der tieferliegenden Widersprüche bewußt zu werden und mit diesen zu arbeiten. In der Farbtherapie werden, wie schon gesagt, die physischen, geistigen und emotionalen Bereiche therapeutisch eingeschlossen.

Wir haben hier vom Zusammenhang von Körper, Geist, Psyche sowie von der Verbindung der Menschen zu anderen Lebewesen gesprochen (Morphogenetisches Feld).

Die Heilung eines jeden einzelnen beeinflußt direkt sein energetisches Feld und damit auch die energetischen Felder der Menschen in seinem direkten Umfeld, dann auch – in einer Art Schneeballsystem – im weitesten Sinne die Menschheit und die Erde. Im großen Rahmen beeinflußt das Abholzen der südamerikanischen Regenwälder das gesamte Klima der Erde und wird zwangsläufig zu Naturkatastrophen führen. Einen ähnlich weitreichenden Effekt haben positive und negative Veränderungen jedes einzelnen auf seine Mitmenschen. Schlechte Laune z. B. steckt an, macht auch andere mißmutig, während gute Laune sich auch auf andere positiv auswirkt.

Die Farbtherapie wird in diesem Buch von vielen Seiten beleuchtet, um ein möglichst ganzheitliches Bild wiederzugeben und zum ganzheitlichen Verständnis anzuregen. Je besser, umfassender und tiefer wir die Wirkung von Farben verstehen und uns darauf einlassen können, desto mehr Chancen haben wir, den Heilungseffekt zu verstehen und mit Erfolg anzuwenden.

Das Ziel des Buches ist es, zum ganzheitlichen Denken und Verständnis anzuregen.

Exkurs über Licht und Farben

Über viele Jahrtausende hinweg wurde Licht als das Gegenteil von Dunkel bezeichnet. Heute sehen die Physiker Licht als eine Form von Energie. Es breitet sich wellenförmig aus, wie Wasser an der Oberfläche eines Sees, wenn man einen Stein hineinwirft. Die Lichtstrahlen oder Lichtwellen breiten sich in einem leeren oder mit durchsichtiger Materie gefüllten Raum nach allen Seiten hin gradlinig aus. Der Schall breitet sich in der Luft mit einer Geschwindigkeit von etwa 330 Metern in der Sekunde aus, das Licht hingegen mit einer Geschwindigkeit von rund 300 000 Kilometern in der Sekunde. Lichtstrahlen können ihre Richtung nicht ändern, sie breiten sich immer gradlinig aus.

Ohne Sonnenlicht wäre es auf der Erde so kalt, daß kein organisches Leben in unserem Sinne möglich wäre. Auch Wind und Regen gäbe es dann nicht. Winde entstehen durch die unregelmäßige Erwärmung der Erdoberfläche durch die Sonne.

Wird die Luft über dem Boden erwärmt, dehnt sie sich aus, wird leichter und steigt auf. Kältere, schwerere Luft strömt von der Seite nach. So entstehen Luftströme, die mehr oder weniger stark sind, abhängig vom Grad der Erwärmung. Diese Luftströme nennen wir Winde.

Erwärmen die Sonnenstrahlen Seen, Flüsse, Meere und den nassen Boden, entsteht Wasserdampf. Sinkt die Temperatur in großen Höhen ab, bilden sich Wolken. Der Wasserdampf wir dichter und geht dann in Wassertröpfchen oder in Schneekristalle über. Das Wasser fällt dann als Regen oder Schnee wieder auf die Erde zurück. Gefrieren die Wassertropfen, hagelt es.

Die sich gradlinig ausbreitenden Lichtstrahlen gehen durch einige Körper hindurch und durch andere nicht. Körper oder Stoffe, die das Licht geordnet hindurchgehen lassen, sind durchsichtig, wie z. B. das farblose Glas und Luft und Wasser. Andere Stoffe, wie z. B. der menschliche Körper, Stahl, Gestein, Beton, sind undurchsichtig, sie lassen kein Licht durch. Die Lichtstrahlen prallen an ihnen ab, so wie ein Ball, der gegen eine Mauer fliegt oder den man auffängt. Neben den durchsichtigen und undurchsichtigen Materialien gibt es noch eine dritte Art. Hier werden die Lichtstrahlen zerstreut und nur wenige durchgelassen. Man nennt diese Stoffe durchscheinend, wie z. B. das Mattglas der Glühbirnen, dünnes Papier und leichte Stoffe.

Zu Zeiten der Griechen wurde angenommen, daß das Licht aus Strahlen bestünde, die vom Auge ausgehend auf Gegenstände treffen und wieder zurückkommen. Wir wissen heute, daß dies nicht der Fall ist. Die Körper senden Lichtstrahlen aus, die in unser Auge gelangen.

Dies kann auf zweierlei Art geschehen:

1. Wir empfangen das Licht direkt von einem Körper, der eine Lichtquelle ist und eigenes Licht erzeugt, wie z. B. die Sonne.
2. Wir empfangen das Licht indirekt, weil es von einem Körper zurückgeworfen wird, so wie diese Textseite das Licht zurückwirft, und dadurch können wir sie lesen.

Körper, die selbst Licht erzeugen wie die Sonne oder eine Glühlampe, sind selbstleuchtend, während die Buchseite oder der Mond oder Steine, die das Licht zurückwerfen, beleuchtete Körper sind.

Das Licht kann nur dann seine gradlinige Ausstrahlung verändern, wenn es zurückgeworfen wird. Das ist z. B. bei einem Spiegel der Fall, wie beim Zahnarzt, der mit einem Spiegel den hinteren Teil unserer Zähne sehen kann. Hier wird das Licht reflektiert. Nach dem Reflexionsgesetz kann reflektiertes Licht in jede beliebige Richtung gelenkt werden, wie die Abb. 1 zeigt. Trifft das Licht auf eine glatte Fläche, so ist die Reflexion regelmäßig. Fällt das Licht jedoch auf eine rauhe Fläche, wird es nach allen Seiten zerstreut.

Der englische Naturforscher Isaac Newton wies im Jahre 1666 nach, daß weißes Licht aus verschiedenen Farben besteht. Wenn Licht auf ein Prisma trifft, wird es in den Farben des Regenbogens Rot, Orange, Gelb, Grün, Blau, Indigo und Violett aufgespalten. Läßt man die Farben dann wieder durch ein umgekehrt stehendes Prisma fallen, vereinigen sie sich erneut wieder zu weißem Licht (Abb. 2). Wir nennen

Abbildung 1

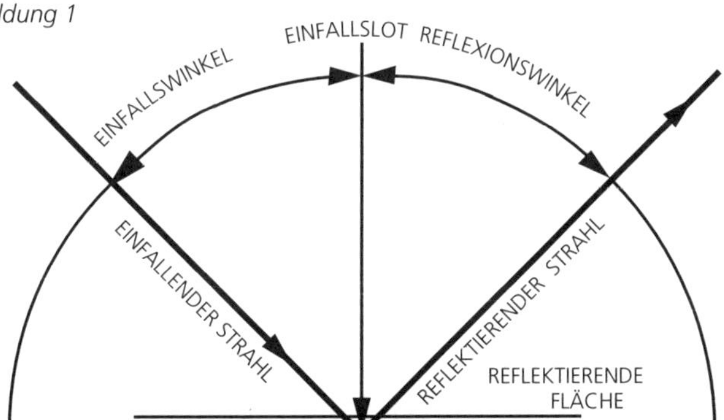

Der Einfallswinkel ist bei glatter Oberfläche genauso groß wie der Reflexionswinkel.

dieses Farbband heute Spektrum und die einzelnen Farben Spektralfarben. Jede dieser Spektralfarben entspricht einer ganz bestimmten Wellenlänge der Lichtstrahlen. Für

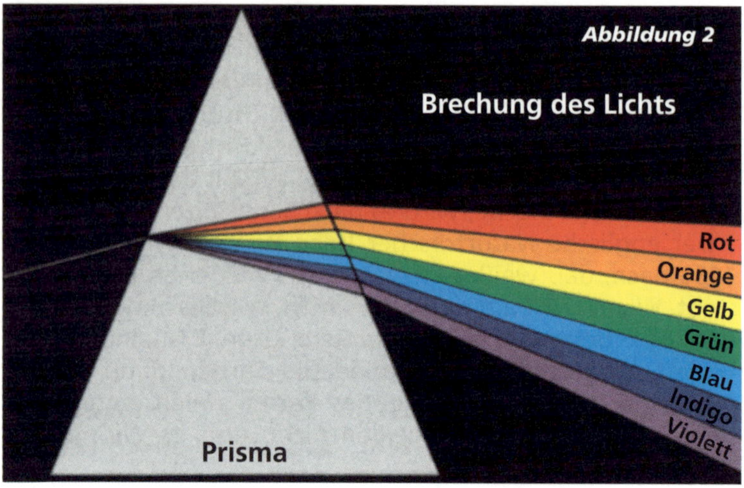

Newton bestand das Licht aus kleinen Teilchen, und er glaubte, daß es für die verschiedenen Farben des Lichtes verschiedene Arten von Teilchen gäbe.

Dieser Theorie wurde von dem holländischen Naturforscher Christian Huygens im selben Jahrhundert widersprochen. Er kam in seinen Untersuchungen zu dem Ergebnis, daß sich das Licht nach allen Seiten gleichmäßig ausbreite, so wie die Wellen, die entstehen, wenn man einen Stein ins Wasser wirft.

Es dauerte allerdings noch mehrere Jahrhunderte, bis die Forscher diesen Widerspruch klären konnten.

1900 wurde von dem deutschen Forscher Max Planck die Theorie vertreten, daß sich Licht aus winzigen, unveränderbaren Energiepaketen – die er Quanten nannte – zusammensetzt, die aufgenommen oder abgegeben werden. 1905 kam Albert Einstein zu der Erkenntnis, daß nicht nur Abgabe und Aufnahme der Energie des Lichtes in Quanten erfolgt, sondern die Lichtstrahlung selber ein Strom von einzelnen Lichtquanten sei, und nannte sie Photone. Das

Licht hat eine Doppelnatur: Es verhält sich sowohl wie eine Welle und auch als sei es ein Teilchen:

1 . Wenn sich das Licht von einem Ort zum anderen ausbreitet, von der Sonne zur Erde oder von der Glühlampe zu unseren Augen, dann verhält es sich wie eine Welle und breitet sich wie eine Welle aus.
2. Wenn das ausgesandte Licht, z. B. von der Sonne oder der Glühlampe, von einem Gegenstand aufgenommen wird, wie z. B. die Pflanze Licht aufnimmt, um Nährstoffe aus Wasser und Kohlendioxid herzustellen, oder unsere Haut und unser Körper, die das Licht aufnehmen und in heilende Prozesse umwandeln, dann verhält sich das Licht als Teilchen oder Photon.

Schwarz schluckt sämtliches Licht, wenn es darauf fällt. Das bedeutet physikalisch, daß es die gesamte Lichtenergie absorbiert. Nichts wird von der einfallenden Energie reflektiert. Deshalb wird Schwarz in der Sonne sehr heiß, im Gegensatz zu Weiß, das die meiste Lichtenergie wieder reflektiert. Die Moleküle der meisten organischen Farbstoffe sind in chemischen Ringen aufgebaut, die durch lebenswichtige Elemente wie Sauerstoff, Stickstoff, Phosphor oder Schwefel miteinander verbunden sind. Manchmal sind diese Ringe eng miteinander verknüpft, wie z. B. beim Karminrot, und in anderen Fällen sind diese Ringe durch Kohlenwasserstoffe weit voneinander getrennt, wie z. B. beim Karotin.

Wie kommen nun die Farben der Moleküle zustande? Die Farbmoleküle besitzen einige sich frei bewegende Elektronen, die nicht mehr an dem einzelnen Atomkern gebunden sind, sondern – bildlich – gesprochen, das gesamte Molekül umkreisen. Fallen nun die Lichtstrahlen (Photonen) auf ein Molekül, so können sie diese sich frei bewegenden Elektronen leicht beeinflußen. Haben die Photonen eine bestimmte Energie, können sie die Elektronen auf eine bestimmte

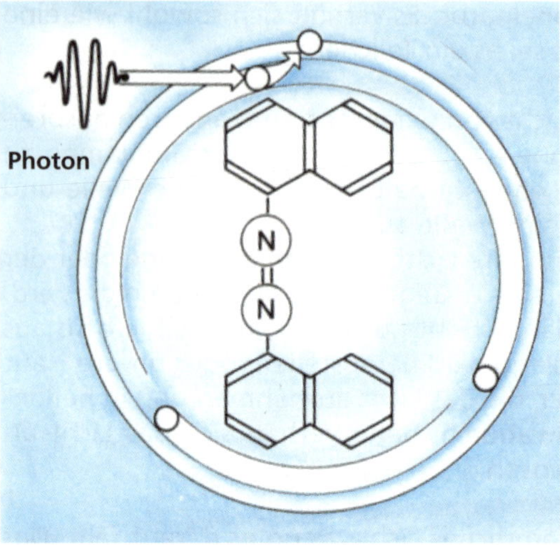

Abbildung 3
Vagabundierende Elekronen umkreisen wie Planeten viele Atome der Moleküle. Sie werden in ihrer Umlaufbahn vom Licht in Form von Photonen beeinflußt, was Rückwirkungen auf die Farbbildung hat.

Umlaufbahn bringen, d. h. auf ein anderes Energieniveau. Das bedeutet, daß das Farbmolekül Energie aufnimmt (Abb. 3).

Wenn wir von einem Photon ausgehen, das von blauem Licht herrührt, würde *dieses* Licht absorbiert werden, und anderen Photonen würde das nicht gelingen. Wenn der Stein ins Wasser fällt, breiten sich nach allen Seiten Wellen aus. Die Zahl der Wellenberge, die in einer Sekunde einen Punkt passieren, nennt man Schwingungszahl oder Frequenz. Eine Lichtwelle hat mehrere hundert Millionen solcher Frequenzen. Die Länge einer Welle ist die Entfernung von einem Wellenberg zum anderen. Sie beträgt beim Licht nur ein paar zehntausendstel Millimeter. Diese Entfernung nennt man die Wellenlänge. Die Lichtwellenlängen sind sehr klein, etwa 2000 Wellenlängen hintereinander sind 1 mm lang. Die Wellen mit den größten Wellenlängen haben geringere Schwingungszahlen (Frequenzen) als die mit den kürzeren Wellenlängen.

Die einzelnen Farben des Spektrums haben verschiedene Wellenlängen. Die Wellenlänge des roten Lichtes ist beträchtlich größer als die des violetten Lichtes, wie die folgende Tabelle zeigt (1 nm = 1 millionstel mm):

Wellenlängen des Lichts
656,5 Nanometer = Rot
486,3 Nanometer = Blaugrün
434,2 Nanometer = Blau
410,3 Nanometer = Violett
397,1 Nanometer = Ultraviolett

Die physikalische Kennzeichnung der Farben als Licht bestehender Wellenlängen ist zwar wichtig, aber für sich allein nicht ausreichend. Als zweiter wesentlicher Faktor muß die Konstruktion und die Art der Wahrnehmung unserer Augen berücksichtigt werden. Das menschliche Auge verfügt in der Netzhaut über zwei verschiedenartige Sinneszellen, die Stäbchen und die Zapfen. Bei sehr schwacher Beleuchtung treten die Stäbchen in Funktion (Nachtsehen); sie vermitteln nur die Wahrnehmung von Helligkeitsunterschieden. Bei stärkerer Beleuchtung wirken nur die Zapfen (Tagsehen); sie vermitteln das Farbsehen. Dazwischen gibt es ein Übergangsgebiet, in dem Stäbchen und Zapfen gemeinsam angesprochen werden (Dämmersehen). Der recht komplizierte physiologische Mechanismus ist im einzelnen noch nicht geklärt.

Für die Farblehre ist entscheidend, daß im Bereich des uneingeschränkten Farbsehens das Auge die einwirkenden Farbreize gleichzeitig nach drei verschiedenen spektralen Empfindlichkeitsstufen bewertet, d. h. so, als ob drei voneinander unabhängige Empfänger arbeiten, deren Wirkung den einheitlichen Farbeindruck steuert. Der Verlauf dieser drei physiologischen Empfindlichkeitsfunktionen konnte bisher nur annähernd ermittelt werden. Bei Farbblinden oder Farbfehlsichtigen fallen eine oder mehrere dieser Funktionen aus oder sind erheblich geschwächt. Während von den Männern etwa 8 Prozent fehlsichtig sind, tritt diese Erscheinung bei Frauen sehr viel seltener auf. Farbblinde haben ein geringeres Farbunterscheidungsvermögen als Normalsichtige. Besonders häufig ist die Verwechslung von roten und grünen Farben (Rot-Grün-Blindheit). Bei den Farbtüchtigen sind die Abweichungen in der Farbbewertung relativ gering. Darauf gründete sich die Möglichkeit, eine zahlenmäßige Bewertung festzulegen. Die genaue Kenntnis der physiologischen Empfindlichkeitsfunktionen war dazu nicht notwendig. Praktische Versuche an einer größeren Zahl von Testpersonen reichten aus, um ein einheitliches Farbensystem aufzustellen. Es wurde 1931 von der internationalen Beleuchtungskommission aufgestellt und heißt nach ihrem französischen Namen CIE-System, es ist die internationale Norm.

Zur objektiven Bestimmung der Farben gibt es heute eine große Zahl von Farbmeßgeräten. Ein Teil der Geräte liefert nur die rein physikalische Analyse der untersuchten Farben. Andere Geräte ahmen die drei Empfänger in unserem Auge durch die geeignete Kombination von Photozellen nach.

Eine besondere Eigentümlichkeit unseres Sehens besteht in der allgemeinen Anpassung des Auges an die vorherrschende Helligkeit und Farbe der Umgebung (Adaption und Farbabstimmung). Es erfolgt z. B. eine Umstimmung des Auges vom Tageslicht auf das Glühlampenlicht, so daß dieses rötlichgelbe Licht nach der Umstellung fast weiß erscheint.

Große Bedeutung hat auch die kulturelle und ästhetische Wirkung der Farben. Diese spielt nicht nur bei der bewußten Beurteilung von Landschaften, Bauwerken, Gemälden, Dekorationen, Kleidung etc. eine große und oft entscheidende Rolle, sie dringt auch sehr stark in das Unterbewußtsein ein. Deshalb bemüht man sich schon seit langem intensiv, den Einfluß bestimmter Farben und Farbzusammenstellungen auf das seelische Befinden oder auf das Hervorrufen bestimmter Stimmungen zu ergründen. Es wird sehr lebhaft um die besten Farbharmonien diskutiert. Bestimmte Gesetzmäßigkeiten, die für alle Menschen und alle Kulturen gelten, sind bisher jedoch noch nicht gefunden worden. Viele Persönlichkeiten, deren Begabungen auf ganz anderem Gebiet lagen, haben sich mit der Farbtheorie auseinandergesetzt, wie z. B. Goethe und Schopenhauer.

Das hier beschriebene Farbspektrum ist nur ein Teil des gesamten elektromagnetischen Spektrums. Wir sind ständig von Strahlungen umgeben: die Sonne, die Glühlampen, das Bügeleisen, das Feuer im Ofen, die Heizung, Radio, Fernsehen, Mikrowellen, Radar, kosmische Strahlungen aus dem Weltall. Das ganze Spektrum dieser elektromagnetischen Strahlen reicht von Wellenlängen von 10 000 000 m, oder 10 000 km, bis hin zu den kosmischen Strahlen, deren Wellenlängen unvorstellbar klein sind. Von unseren Augen kann nur ein sehr kleiner Teil der elektromagnetischen Wellen wahrgenommen werden, der ca. 380–780 Nanometer entspricht, das entspricht dem Bereich der Spektralfarben (10).

Photonen – die Sprache der Zellen?

Nach dem Zweiten Weltkrieg verbesserte sich die Lichtmeßtechnik und damit auch der Erfolg für den Nachweis von biologischer Zellstrahlung. Es gelang mit neuen und verbesserten Meßgeräten, zehn-, hundertmal schwächere Photonenströme als vor dem Zweiten Weltkrieg nachzuweisen. Die Italiener Colli, Facchini konnten 1954 erstmals zweifelsfrei nachweisen, daß Keimlinge von Bohnen, Linsen und Getreide Licht aussenden. Die Frequenzen des von den Keimlingen ausgestrahlten Lichtes bewegen sich vom grünen bis zum roten Farbbereich des Spektrums, mit Intensitäten von einigen zehn bis hundert Quanten pro Sekunde pro Quadratzentimeter Austrittsfläche und sind damit um den Faktor 10 hoch 18 (Milliarden mal Milliarden) niedriger als das Tageslicht (11).

Diese Strahlung, »Ultraschwache Luminiszenz« genannt, ist mit Ausnahme von niedrigsten entwickelten Lebewesen (Einzellern) in allen untersuchten tierischen und pflanzlichen Organismen nachweisbar. Sie besteht bei verschiedenen Spezies mit unterschiedlicher Intensität und in unterschiedlicher spektraler Verteilung (d. h. in unterschiedlichen Farben).

Bereits 1922 beobachtete der russische Biochemiker Alexander Gurwitsch mit wesentlich einfacheren Lichtmeßinstrumenten bei Versuchen mit Zwiebeln, daß sich die Zellen eines Zwiebelschaftes vermehrt teilen, sobald man ihnen die Wurzelspitze einer zweiten Zwiebel nähert (12). Damit chemische Boten ausgeschlossen werden konnten, die aus der Wurzel austreten, zum Schaft der anderen Zwiebel hinüberwechseln können und damit dort die Zellteilung auslösen können, stellte er Fensterglas zwischen die beiden Zwiebeln. Das normale Fensterglas stoppte tatsächlich diesen zellenvermehrenden Einfluß. Wenn jedoch anstelle des normalen Fensterglases Quarzglas als Trennscheibe verwendet wurde, regte die Zwiebelwurzelspitze die benachbarte, sich hinter Quarzglas befindliche Zwiebel zur Zellvermehrung an. Der spätere Nobelpreisträger für Physik Denis Gabor (1971), der das Prinzip der Holographie entdeckte, bestätigte 1928 die Untersuchungen des russischen Biochemikers.

Doch erst mit den verfeinerten Meßgeräten nach dem Zweiten Weltkrieg und den weiteren Nachweisen wurde diese Erkenntnis von Physikern, Biologen, Chemikern und Biochemikern allgemein akzeptiert und in Tausenden von

Experimenten weltweit bestätigt. Lebende Zellen geben durch Photonen biologische Informationen weiter.

Dem bekannten deutschen Wissenschaftler Paul Ehrlich (13) war bei seinen Versuchen, Bakterien zu färben, aufgefallen, daß einige pathogene Mikroorganismen empfindlich auf bestimmte Farbstoffe reagieren. Seine Schlußfolgerung war, daß es Stoffe ebenso wie diese Farbstoffe geben müsse, die sich selektiv an einen Mikroorganismus anlagern und ihn dabei schädigen. Auf dieser grundlegenden Erkenntnis basiert die Einführung des ersten Chemotherapeutikums, des Salvarsans. Die Naturwissenschaftler setzten ihre Erfahrungen und Erkenntnisse natürlich innerhalb der Erkenntnis- und Bewußtseinsstruktur ihrer Wissenschaft um und entwickelten chemotherapeutische Mittel zu Heilzwecken. Sie verfolgten nicht den Einfluß von Farben auf Zellstrukturen.

Unser Körper ist ein ungeheurer, fast unvorstellbar komplexer Mechanismus. Etwa fünfzigtausend Regulatorprozesse greifen mit mehreren Millionen Reaktionsschritten pro Sekunde in die biochemische Regulation der Zelle ein. Zusätzlich sind diese Prozesse beeinflußt von äußeren chemischen Stoffen wie Nahrung, Arzneimittel, Giftstoffe.

Die Bedeutung der Farben

Farben sind lebensnotwendig

Am Anfang alles Irdischen war das Licht. Licht ist der Lebensspender. Der Satz »Es werde Licht« steht am Anfang des ersten Schöpfungstages. Die Quantentheorie lehrt uns, daß Licht nicht nur Welle, sondern zugleich auch Teilchen ist, daß zwei unterschiedliche Energieformen gleichzeitig im Licht existieren. Seit Urzeiten bringen die Menschen Licht und Leben in eine ursächliche Beziehung. Licht war und ist in allen Religionen ein göttliches Zeichen oder das Göttliche selbst.

Licht und Farbe sind eine Einheit. Ohne Licht gäbe es keine Farbe. Lichtstrahlen, die auf eine Materie treffen, werden von dieser reflektiert. Diese zurückgeworfene Strahlung erscheint, abhängig von ihrer Wellenlänge, dem menschlichen Auge als eine bestimmte Farbe. Das Licht besteht je nach Art der Lichtquelle aus einer oder mehreren Farben, auch wenn unser Auge das nicht wahrnehmen kann.

Die Farben verkörpern als Teile des Lichtes auch Teile des Lebens und sind deshalb Bestandteil des Ganzen. So wie Licht und Farben für das Leben notwendig sind, sind es auch die beiden Polaritäten positiv und negativ.

Licht gehört zu den wichtigsten Umweltenergien (Energieträgern), und die Bedeutung für uns ist sicher größer als bisher angenommen. Wie jede andere Energie kann man Licht durch Schwingungsfrequenzen, Wellenlängen und

Amplituden beschreiben. Unsere wichtigste Lichtquelle ist die Sonne. Das, was wir von ihr sehen können, macht allerdings nur 1 Prozent ihres gesamten elektromagnetischen Spektrums aus. Dieses eine Prozent wiederum ist nur ein schmales Band des gesamten lebensenergetischen Spektrums.

Das weiße Sonnenlicht enthält alle Farben des Spektrums, von Rot bis Violett. Dieses Sonnenlicht gibt uns auch die Wärme und das Licht zum Leben und Wachsen. Die Sonne ist ein Licht- und Lebensspender, und ihre Strahlen bedeuten Leben, Freude, Freiheit, Wachstum, Wärme, Glück und Gesundheit. Das war von Beginn an so und ist es bis heute geblieben. Deshalb wird die Sonne als Energiequelle in vielen Kulturen mit besonderen Kulten verehrt (14).

Das Sonnenlicht ist für die Gesundheit so wichtig, daß ein anhaltender Mangel zu funktionellen Nervenstörungen, Vitamin-D-Mangel, Schwächung der Abwehrkraft und zur Verschlimmerung chronischer Krankheiten führen kann. Sonnenlicht fördert die Muskelfunktionen, vermehrt die Widerstandskraft gegen Grippe und die Bildung von Spurenelementen. Licht, das die ganze Breite des Spektrums erfaßt, fördert das Leben insgesamt. Die pigmentbildenden Epithelzellen des Auges teilen und vermehren sich beispielsweise nur dann, wenn sie dem Licht ausgesetzt sind. Ein ähnlicher Prozeß findet bei den chlorophyllbildenden Zellorganen der Pflanzen statt, so daß man davon ausgeht, daß Lichteinflüsse sich grundlegend auf die Zellen auswlrken.

In diesem Zusammenhang ist für Brillenträger wichtig, daß Glas 99 Prozent der für die Gesundheit wichtigen Ultraviolettstrahlung abhält, manche Kunststoffarten hingegen 95 Prozent durchlassen. Pflanzen, die in unzureichender Beleuchtung leben müssen, bekommen häufig Viruserkrankungen. Ott (15) glaubt, daß Viren durch Stoffwechselstörungen entstehen, die wiederum durch Lichtmangel und falsche Ernährungsformen verursacht werden. Der Virus wäre somit ein Ergebnis der Dysfunktion von Lebensprozessen und nicht ihre Ursache.

Farben sind lebendige Kräfte, Quellen der Stärkung, wenn wir sie richtig nutzen. Mittels der Farben klnnen wir aus der uns umgebenden Natur lebengebende und harmonisierende Energien herausholen.

Die Farbentätigkeit regt das Wachstum der Bauzellen im Körper an und beeinflußt Nerven und Organe. Die verschiedenartigen Farbstrahlen bewirken verschiedene chemische Umwandlungen im Körper. Auch Wasser, das einige Zeit farbiger Bestrahlung ausgesetzt wird, erfährt eine Umwandlung. Sensible Personen können sogar die Veränderung des Wassers schmecken. Blau bestrahltes Wasser wird als kühl und frisch empfunden und rot bestrahltes Wasser lau und manchmal unangenehm im Geschmack.

Farbe ist Nahrung und Energie

Das Auge nimmt Licht und Farbschwingungen auf. Die Farben haben neben der physiologischen Wirkung auch eine psychologische Wirkung, was durch den weltberühmten Farbtest von Lüscher dokumentiert worden ist (16). Der Mensch als Teil des Kosmos und der irdischen Materie hängt von den gegebenen Gesetzmäßigkeiten seiner Umgebung ab und reagiert auf sie. Wir reagieren aber nicht nur auf das, was sich dem Auge als sichtbar darstellt, sondern auch auf alles Unsichtbare.

So können z. B. Töne Wohlbefinden vermitteln, Ruhe sowie Entspannung, Ausgeglichenheit, aber auch Lebendigkeit, Lebensfreude und Bewegungsdrang in unserem Empfinden auslösen. Im entspannten Zustand vermindern sich oder verschwinden Unruhe, Angst und Nervosität (17). Als Folge der Entspannung vertieft sich der Atem. Dadurch wird mehr Sauerstoff in die Zellen aufgenommen. Insgesamt erfährt man ein Gefühl der inneren Ruhe und Zufriedenheit, der Ausgeglichenheit, man ist im Einklang mit sich selbst. Aber nicht nur Ruhe und Ausgeglichenheit bewirken, daß man im Einklang mit sich selbst ist; für manche Menschen sind es darüber hinaus Lebendigkeit, Lebensfreude und Bewegung, die das Gefühl des mit sich im Einklang Seins auslösen.

Wir sind alle von unzähligen Schwingungen umgeben und müssen uns mit ihnen auseinandersetzen, um uns, d. h. unseren Körper, unsere Emotionalität und unsere Gedanken, im Gleichgewicht zu halten. Durch Untersuchungen über die elektromagnetischen Schwingungen der Erde wissen wir, daß wetterbedingte Änderungen der kosmischen Strahlungen einen erheblichen Einfluß auf das Wohlbefinden des Menschen haben.

Elektromagnetische Impulse, die sogenannten Speriks, treffen auf unseren Körper und zwingen ihn zu reagieren. Alles, was an sichtbaren und unsichtbaren Schwingungen, Strahlen und Impulsen auf unseren Körper trifft, löst eine Reaktion aus. Unabhängig davon, wie nun das einzelne Individuum auf all die verschiedenen Einflüsse reagiert, wird doch deutlich, daß wir ständig den Einflüssen der Außenwelt unterliegen und auf sie reagieren müssen.

Unsere Zellen müssen in ihrem Schwingungsverhalten den Schwingungen der Umwelt entsprechen, denn ein zu großes Mißverhältnis in den Schwingungen führt zur Unausgeglichenheit. Die Oberfläche des Menschen, d. h. die Haut, ist eine Art Antenne, die Informationen von außen aufnimmt und nach innen weitergibt. Die Sinnesorgane übernehmen die Vermittlerrolle zwischen dem Innen und dem Außen. Die Haut ist die äußere Hülle und nimmt dadurch eine besondere Stellung ein, was allen Naturvölkern von jeher bekannt war. Deswegen bedienen sich alle Kulturen auch der Haut als Medium für die Behandlung von Erkrankungen, z. B. mittels Massagen, Trocken- und Blutigschröpfen, Akupunktur oder anderer Verfahren. Physiologisch registriert die Haut Druck, Berührung, Temperatur und Vibration sowie Schmerz (eine Reaktion der Nervenenden in der Haut auf bestimmte äußere Einflüsse).

Licht bedeutet auch Nahrung für das autonome Nervensystem. Daß es nicht nur über das Auge in den Organismus eindringt, beweist die Tatsache, daß Blinde andernfalls in ihrem Stoffwechsel stark gefährdet oder geschädigt sein oder zumindest enorme Ausfallerscheinungen aufweisen müßten. Sie nehmen jedoch Licht und Farbe über die Haut auf.

Farbe spielt auch in der Ernährung des Menschen eine sehr wichtige Rolle, wie es von Lichtenstein bewiesen wurde. Durch das Einnehmen einer vernünftigen Mischkost nimmt der Mensch auch die Farben der verzehrten Lebensmittel mit auf, wie z. B. das Grün von Salaten oder Gemüsen, das Rot von Tomaten oder Obst, das Gelb des Eies, das Rot, Blau und Violett der verschiedenen Beerensorten. Lichtenstein wollte ausprobieren, was wohl passieren würde, wenn man dem menschlichen Körper diese Farben vorenthält. Er ernährte sich deshalb einige Zeit nur mit sogenannter Weißkost, die außer Wasser nur weiße Lebensmittel enthielt, wie z. B. Weißbrot, Eiweiß von hartgekochten Eiern, Zucker, Quark, Reis, entrahmte Milch, Kochsalz u. ä., d. h. alle lebensnotwendigen Nährstoffe waren in dieser Ernährung enthalten. Die »entfärbte« Kost nahm er eine Zeitlang regelmäßig ein. Er erkrankte nach einiger Zeit an Magen-Darm-Katarrh. Nachdem diese »weiße Kost« abgesetzt wurde und sich die Versuchsperson wieder mit farbiger Kost ernährte, wurde sie innerhalb von drei Tagen wieder gesund, ohne daß irgendwelche Medikamente benötigt wurden. Mit diesem Versuch wurde bewiesen, daß ein völliger Entzug der Naturfarben gesundheitsschädlich und deshalb zu vermeiden ist.

Die Naturfarben sind Nährstoffe, die von den menschlichen Zellen zur Erhaltung der normalen Lebensfunktion genauso benötigt werden wie Eiweiß, Kohlenhydrate, Fette, Vitamine und Spurenelemente.

Lichtenstein nennt den Zustand eines Körpers, der sich in Farbharmonie befindet und in dem keine Störungen existieren: Euchromatose. Bei Farbdisharmonien entstehen Dischromatosen, bei Farbmangel Hypochromatosen, und bei einer Überladung mit Farben haben wir Hyperchromatosen. Hypochromatosen entstehen besonders in südlichen Ländern in Zeiten großer und langer Dürre. Hier in unseren Bereichen entstehen sie im Frühjahr als Folge des Mangels oder Fehlens der Farben, die in der Sommernahrung enthalten sind. Bisher bezeichnete man die Frühjahrsmüdigkeit als Vitaminmangel. Lichtenstein verwirft diese althergebrachte Auffassung jedoch und führt die Frühjahrsmüdigkeit auf den Farbmangel zurück, da die Vitaminträger meist gleichzeitig die Träger von Farben sind (18).

Die meisten Farbtherapeuten empfehlen deshalb die Aufnahme von Farbe durch die Nahrung, um ein stabiles Farbengleichgewicht zu erreichen. Indem wir uns bewußt dafür entscheiden, was wir essen und damit auch, welche Farbe wir zu uns nehmen, entscheiden wir uns bewußt für die Energien, die mit der jeweiligen Nahrungsfarbe, die wir aufnehmen, zusammenhängen. Wir können von daher bewußt die Steuerung unseres Energiehaushaltes beeinflussen. Man kann im allgemeinen sagen, daß die Farbe der Haut von Obst und Gemüse, welches wir zu uns nehmen, den Energien, die diese uns geben, entsprechen. Das meiste was wir essen, entspricht schwerpunktmäßig einer Seite des Spektrums: Rot, Orange, Gelb und Grün.

Alle Farbstoffe der Pflanzen (rötlich – gelblich grünlich – bläulich) binden Sauerstoff im menschlichen Organismus und machen ihn transportfähig, d. h. je mehr pflanzliche Farbstoffe wir zu uns nehmen, desto mehr und besser versorgen wir unseren Körper zum einen mit Sauerstoff und zum anderen mit den Vitaminen, Spurenelementen und Enzymen, die in den Naturfarben enthalten sind. Es sind die Spurenelemente und besonders die Enzyme, die als Katalysatoren den Stoffwechsel überhaupt ermöglichen. Ohne die Enzyme z. B. wäre ein geordneter Stoffwechsel und damit Leben nicht möglich (19).

Karotine beispielsweise decken die roten und gelben Pflanzenfarben ab und sind z. B. im roten Paprika und in Tomaten enthalten. Sie sind chemisch ungesättigte Kohlenwasserstoffe und sie sind das Pro-Vitamin von A-Karotinoid, einer Untergruppe der Karotine, die nur bei höheren Pflanzen und Einzellern vorgefunden werden. Einige Karotinoide werden von Tieren in Vitamin A umgewandelt und zu den Pigmenten (Farbstoffen im Körper) von Federn, Schnabel und Panzer.

Karotinoide sind z. B. besonders in der Säuglingsnahrung wichtig, da die Vitamin-A-Versorgung davon abhängig ist. Ein Mangel an Karotinen wird deshalb mit Lebertran ausgeglichen.

Vitamin-A-Mangel ist die Ursache für Nachtblindheit, Hautschäden und Knochenbildungsschäden. In Milch und Butter, Eigelb und Leber (Lebertran) sind reichlich Karotine und Karotinoide enthalten. Hagebuttenfrüchte, Arnikablüten und Calendulablüten, Paprikaschoten (rote und gelbe) sowie Tomaten enthalten karotinoide Farbstoffe.

- *Rote* Farbstoffe sind enthalten in:
  Äpfeln, roten Beten, Rotkraut, Kirschen, roten Pflaumen, Stachelbeeren, Himbeeren, Radieschen, Erdbeeren, Tomaten, Cayennepfeffer, rotem Paprika.

- *Orange* Farbstoffe sind enthalten in:
  Aprikosen, Möhren, Mangos, Orangen, Nektarinen, Melonen, Mandarinen, Kürbissen.

Die gelben Farbstoffe der Pflanzen sind *Flalvone,* die als Atmungsferment fungieren, die Kapillardurchlässigkeit vermindern und eine bluthemmende Wirkung haben. Sie verstärken die Harnausscheidung und haben eine leichte kreislaufanregende Wirkung.

Flavone können bestimmte kurzwellige Strahlen aufnehmen (beispielsweise UV-Strahlen) und auch wieder abgeben. Wenn man sie entsprechend belichtet, können sie sogar eine photographische Platte schwärzen. Flavone befinden sich in Johanniskraut, im Sanddorn und im Weißdorn.

Früher wurden Flavone häufig in der Färberei und Druckerei verwendet.

- *Gelbe* Farbstoffe sind enthalten in:
  Bananen, Eiern, Feigen, Pampelmusen, Mais, Zitronen, Honigmelonen, Senf, Olivenöl, Pfirsichen, gelben Paprikas, Ananas, Pflaumen, Rhabarber.

Das Pigment der Pflanzen ist das Chlorophyll. Es verwandelt Lichtenergie in chemische Energie und bildet sich im Licht. Wir wissen alle, daß ein abgedecktes Pflanzenblatt blaß bleibt, während das dem Licht zugewandte Schwesterblatt grün wird. Chlorophyll entsteht durch die Absorption von Lichtenergie (es saugt das Licht auf). Chlorophyll ist dem Hämoglobin (dem Blutfarbstoff) ähnlich, enthält jedoch anstatt Eisen Magnesium.

- *Grüne* Farbstoffe sind enthalten in:
  Avokado, Bohnen, Brokkoli, grünem Gemüse, Salat, Okra, Oliven, Erbsen, grünem Paprika, Spinat, Zucchini.

Die rot-blau-violetten Farbstoffe haben eine glykosische Bindung, das Pigment ist also an den Zucker (Glukose) gekettet. Sie verbessern besonders die Sauerstoffzufuhr in den Zellen und haben damit eine aufbauende Funktion für den Körper.

Sie sind in Rote-Bete-Saft enthalten, in Holunder- oder Heidelbeersäften, Rittersporn, Iris, Mohn, verschiedenen Rosen, blauen und violetten Veilchen und Trauben. Der schwarze Holunder ist z. B. ein wunderbares Mittel für eine 14tägige Fastenkur.

■ *Blaue* Farbstoffe sind enthalten in:
blauen Weintrauben, blauen Pflaumen, Blaubeeren.

Einige der Früchte, die unter Blau und Violett fallen, haben einen *Indigo*-Farbton (dunkelblau).

■ *Violette* Farbstoffe sind enthalten in:
dunklen Weintrauben und Holunder (20).

Der indisch-amerikanische Arzt Dr. Ghadiali, Leiter des Spectro-Chrome Institutes in New Jersey, hat u. a. folgende Elemente in den einzelnen Farben gefunden:

Blau:	Sauerstoff und Cäsium
Indigo:	Wismut, Kobalt
Violett:	Aktinium, Strontium
Purpurrot:	Lithium
Scharlachrot:	Argon, Mangan
Rotorange:	Kadmium, Wasserstoff, Krypton, Neon
Orange:	Aluminium, Kalzium, Kupfer
Gelb:	Kohlenstoff, Magnesium
Grünl. Gelb:	Schwefel, Eisen
Grün:	Barium, Chlor, Stickstoff, Radium (21)

Insgesamt wird durch die Einnahme der Pflanzenfarben eine bessere Zellatmung erreicht und dadurch eine bessere Versorgung der Organe mit Sauerstoff, eine bessere Versorgung des Körpers mit Vitaminen, Spurenelementen und Enzymen, d. h. insgesamt eine wesentliche Verbesserung des Stoffwechsels.

Durch den Kochvorgang werden die meisten dieser lebenswichtigen Elemente der Pflanzen und des Obstes zerstört. Die beiden englischen Ernährungswissenschaftlerinnen Leslie und Susannah Kenton haben sich des Themas »gekochtes und ungekochtes Essen« sehr intensiv angenommen, nachdem die moderne Ernährungswissenschaft nachgewiesen hat, daß die Ernährung mit vorwiegend gekochtem Essen u. a. zu erhöhtem Blutdruck, Übergewicht, Verdauungsstörungen, ständiger Müdigkeit, vorzeitigem Altern und sogar zu Depressionen führen kann, und haben deshalb eine ausgewogene Ernährung auf der Basis von »roher Energie«, d. h. von ungekochtem Essen, entwickelt (22). Die Lebensenergie (genannt Prana) sowie die Vitamine und Enzyme der Pflanzen und des Obstes bleiben im ungekochten Zustand erhalten. Wir ernähren damit unseren Körper positiv, unterstützend und aufbauend, während bei einer vorwiegend gekochten Nahrung der Körper negativ, belastend und abbauend ernährt wird, d. h., beim Verdauungsvorgang von vorwiegend gekochter Nahrung werden dem Körper Nährstoffe entzogen.

Die Bedeutung der Farben in Vergangenheit und Gegenwart

Farben in den alten Kulturen

Wenn wir in die Geschichte zurückblicken und versuchen, die Entwicklung von Farbbewußtsein und Farbsensibilität unserer Vorfahren zu erkunden, finden wir nur wenige Überreste, die uns klare und genaue Informationen geben. Deshalb sind wir in vielen Punkten auf Spekulationen angewiesen, die jedoch durch archäologische Funde und anthropologische Untersuchungen unterstützt werden.

Der Cromagnonmensch (23) und der Neandertaler sind die frühesten Exemplare des uns bekannten Homo sapiens in der Geschichte der Menschheit. Sie haben uns nur wenig hinterlassen: Steinwerkzeuge, Knochenreste und wenige Grabstätten. Die aufregendsten Funde sind die Höhlenmalereien, die mit höchstem handwerklichem Können und natürlichen Farben ausgeführt wurden; Farben, zu denen der vorhistorische Mensch leichten Zugang hatte. Diese frühen Malereien beweisen, daß der damalige Mensch seine Umwelt und sich selbst sorgfältig und genau beobachtet hat.

Er sah und malte die Farben der Erde, des Feuers, des Blutes und des Wassers, ebenso Pelze und Federn der Tiere sowie die farbigen Flächen in den Häuten der Reptilien in all den verschiedenen Farbvarianten. Ebenso gaben die verschiedenen Edelsteinfarben den prähistorischen Malern Farbideen zur Ausschmückung ihrer Gemälde.

Der damalige Mensch arbeitete mit roter oder oxidierter Erde, in den Farben von Gelb bis Purpur. Knochen von Neandertalern wurden in Gräbern gefunden, die rot ausgemalt waren, und manchmal waren selbst die Knochen bemalt. Die Farben wurden nicht nur als Dekoration angesehen, sondern als symbolisierte Macht und Kraft zum Schutze verstanden und angewendet.

Der weltbekannte Biologe Lyall Watson entwickelte in seinem Buch »Lightening Bird« die Theorie, daß der vorhistorische Mensch in derselben Art und Weise Farben suchte (24) wie der heutige Afrikaner. Farben haben in ganz Afrika eine sehr wichtige Bedeutung in der Symbolik, besonders aber auch im Bereich der Medizin. Der Anthropologe Professor Dart fand in Sambia, daß schamanistische Priester und Heilige (Medizinmänner) immer noch ähnliche Methoden der Ausgrabung für Farben benutzten, wie es ihre Vorfahren vor Tausenden von Jahren taten.

Die wichtigsten Farben sind in Afrika Schwarz, Rot und Weiß. Schwarz ist die Farbe der Macht, des Todes und der Krankheit, während Weiß Tageslicht, Leben, Nahrung und Gesundheit bedeutet. Rot steht für die Veränderung: Der rote Sonnenaufgang ist eine Entwicklung zur Gesundheit und der rote Sonnenuntergang zur Krankheit hin. Für die Massai ist Schwarz jedoch auch eine Farbe, die positive Aspekte hat, und sie symbolisiert die Gewitterwolken, die z. B. in der Trockenheit sehr erwünscht sind.

Für andere Kulturen in Europa, Asien und Amerika hatten die Farben eine ähnliche Bedeutung. Rot hatte sicherlich den größten Einfluß, als Farbe von Blut und Feuer. Blut als Lebenskraft hatte mystische Macht. Ein Blutopfer war das größte Opfer, das der Mensch seinen Göttern darbringen konnte. Rot als Farbe des Feuers wurde in Zusammenhang gebracht mit Sonne, Wärme, Schutz, aber auch mit destruktiver Macht und Mystik. Sie wurde dadurch zu einem der wichtigsten und bedeutungsvollsten heiligen Symbole.

Schwarz war ebenso eine spezielle Farbe, die die dunklen, angstbesetzten und versteckten Kräfte von Natur und den Menschen, vor denen sie sich schützen wollten, symbolisierte. Hingegen repräsentierte Weiß die glücklicheren und positiveren Seiten des Lebens.

Farben waren in diesen Zeiten absolut notwendig als Schutz und wegen der magischen Qualitäten, die ihnen zugewiesen wurden. Teufel wurden mit Farben ausgetrieben und Götter mit Farben zur Hilfe, Unterstützung und zum Schutz angerufen. Die Schamanen oder Priester dieser Volksstämme waren vermutlich für die Stein- und Höhlenmalereien verantwortlich. Sie konnten höchstwahrscheinlich die Farben auswählen, mit denen gemalt wurde. Schamanismus ist die älteste Religion, die sich aus den tiefsten Wurzeln und den ältesten Glauben und Gefühlen der Menschheit entwickelte.

Der Sprachenforscher Dr. Burke (25) vertritt die Theorie, daß die frühe Menschheit erst langsam ein Farbbewußtsein entwickelte, ebenso wie es in der Entwicklung der Kindheit geschieht. Auf die Theorien des Forschers Lazarus Geiger (1880) gestützt, der Sprachuntersuchungen durchführte und nachwies, daß die Aryans vor ca. 15 000–20 000 Jahren nur eine Farbe, nämlich Schwarz benannten. Es wurde nicht zwischen blauem Himmel und grünen Bäumen unterschieden, alles wurde mit Schwarz bezeichnet. Daraus entwickelte er seine Theorie, daß die Menschheit früher nur eine Farbe wahrnahm. Ein anderer Forscher, Adolph Pictet (1877), fand heraus, daß in den frühen euro-germanischen Sprachen kein Wort für Farbe existierte. May Müller (1887) bewies, daß es in den Wurzeln der Sprache von Sanskrit ebenfalls kein Wort gab, das auf Farbe hinwies. Erst in der weiteren Entwicklung von Sanskrit wurden Rot, Gelb, Schwarz und verschiedene andere Farben benannt. Dr. Burke wies nach, daß in den Aufzeichnungen von Big Veda (Sanskrit), den homerischen Gedichten, mit ihren »weindunklen-Seen«, die Farbe des Himmels nicht genannt wurde. Er schließt daraus, daß Blau als Farbe noch nicht bekannt war.

Rot, Schwarz, Weiß und Gelb waren die frühesten genannten Farben in der Geschichte der Menschheit.

Die Energien der Lichtwellen verändern sich deutlich, wenn man im Spektrum von Rot nach Violett geht. Dr. Burke vermutet, daß sich die Seh- und Wahrnehmungsfähigkeit des Auges entsprechend der Wellenlänge der Lichtwellen entwickelte. Danach würde Rot als erste Farbe wahrgenommen worden sein, gefolgt von Gelb, Grün bis zu Violett.

Als die großen Zivilisationen sich zu entwickeln begannen, wurden Farben mit ihren wichtigsten magischen Qualitäten mehr und mehr verwendet. Die Mesopotamier, die als eine der ältesten Zivilisationen gelten, waren Meister in der Magie und Astrologie. Sie schmückten ihre Tempel mit den Farben, die ihren Sternengöttern entsprachen.

Die Tempel, Gräber und Häuser der Ägypter waren innen und außen mit den klaren Farben Schwarz, Rot, Gelb, Grün, Blau und Violett bemalt. Wenn jemand »seine eigene Farbe« kannte, hieß das, daß man sich selber kannte. Emotionalen Einstellungen wurden bestimmte Farben zugeordnet.

Rot war z. B. aggressiv besetzt und bedeutete Gefahr, aber auch Leben spenden. Götter und Göttinnen hatten eigene Farben, entsprechend der ihnen zugewiesenen Qualitäten. Schwarz bedeutete ebenso wie in den früheren Kulturen Tod und Unterwelt, aber auch Wiedergeburt und Wiederauferstehung.

Die Ägypter bemalten nicht nur ihre Gebäude und Skulpturen, sondern auch sich selbst. Rote Bemalung und roter Schmuck waren für spezielle Feste vorgesehen und wurden dann benutzt. Sie symbolisierten Leben und Sieg, während Rot und Weiß Ganzheit und Vollkommenheit symbolisierten. Rot hatte aber auch eine negative Seite, da es Seth repräsentierte, den Gott der Wüste, die negative Kraft in der ägyptischen Mythologie. Seth wurden ein rotes Herz und rote Haare zugewiesen, und jemand mit einem roten Herzen war jemand, der in Rage war. Rot zu werden, bedeutete zu sterben. Rote Dinge zu tun, bedeutete schlechte Dinge zu tun.

Mit Weiß wurden symbolisierte heilige Dinge ausgedrückt; es war die Farbe von Reinheit und Heiligkeit sowie die Farbe von Freude und Fröhlichkeit.

Gold stand für die Sonne, und ihre verschiedenen Eigenschaften wurden dem Gott Ra zugewiesen; dem Gott Amun dagegen wegen der kosmischen Verbindungen die Farbe Blau.

Die Farben selber waren stark und leuchtend, grell und blendend, wenn man sie mit den verblichenen Farben der heutigen Ruinen vergleicht. Solche leuchtenden Farben wurden ebenso in griechischen und römischen Tempeln verwendet. Griechische Marmorstatuen waren oft bunt bemalt. Auch der Parthenon war z. B. mit klaren Farben bemalt.

Die Römer folgten dem Beispiel der vorangegangenen Kulturen, den Göttern Farben zuzuweisen. Purpur war dem Kaiser vorbehalten, der wiederum in Verbindung mit dem Planeten Jupiter stand. In Pompeji sind uns unter dem Schutz der vulkanischen Asche wundervolle Gemälde und Kunstwerke dieser Zeit erhalten. Viele der Kunstwerke in Kreta, die bis 1600 v. Chr. zurückgehen, zeigen prachtvolle Wandgemälde und Dekorationen in Rot, Gelb, Blau, Braun und Schwarz, wobei Rot und Schwarz die vorherrschenden Farben sind.

Für die Chinesen waren die Farben ebenso wichtig. Ihre verschiedenen Dynastien waren durch Farben symbolisiert. Kleider in ganz bestimmten Farben waren nur bestimmten Personengruppen vorbehalten, wie z. B. Gelb durfte nur vom Kaiser und andere Farben durften nur von hohen Amtspersonen (Mandarinen) getragen werden. Außerdem gab es bestimmte Farben im Zusammenhang mit Ritualen. Die Kaiser trugen Blau, wenn sie die Götter anbeteten, und Gelb für die Erde (26). Bei den Chinesen waren folgende fünf Grundfarben bekannt: Rot, Gelb, Weiß, Schwarz und Blaugrün, die mit den fünf Elementen Feuer, Erde, Metall, Wasser und Holz in Verbindung gebracht wurden, und es bestand außerdem eine Verbindung mit den fünf Lastern und den fünf Schicksalswahrnehmungen.

Rot stand in China für positive, maskuline Energie und Gelb für das weibliche und irdische Prinzip. Gebäude waren oft rot bemalt. Rot war die Farbe des Südens, der Sonne und des Glücks. Orange repräsentierte Glück und Liebe, Blau entsprach den »Drachen des Ostens«, dem Himmel, den Wolken und dem Frühling.

Es können nicht alle Kulturen und die Bedeutung, die die Farben in ihnen hatten, hier aufgezählt werden. Aber es ist sicherlich wichtig, die Bedeutung der Farben in den verschiedenen Teilen der Welt zu vergleichen.

- Rot wurde generell als die positivste, kreativste und lebensspendende Farbe angesehen. Es hat allerdings, wie wir gesehen haben, auch negative Seiten. In der keltischen Mythologie bedeutet Rot Unglück, in der christlichen Kirche steht es auch für Grausamkeit, Märtyrertum und Begierde.
- Schwarz wird assoziiert mit Dunkelheit, Tod und allem Negativen, mit den negativen Aspekten der Mutter Erde, aber auch mit der Zeit. Im Hinduismus steht Schwarz für die Göttin Kali, für die Zeit und für schwarze Jungfrauen. In der christlichen Tradition symbolisiert Schwarz die Hölle, den Tod und spirituelle Dunkelheit, das Unbewußte. In der hebräischen Kabbala-Tradition steht Schwarz für Tradition, Gnade und Verständnis. Aber generell wird Schwarz als die Farbe für das Negative, das Dunkle und das zu Fürchtende angesehen.

- Weiß repräsentiert genau das Gegenteil: Es steht für Ganzheit, Reinheit, Unschuld und wird generell als die heilige Farbe angesehen. Bei den Chinesen und Römern war Weiß die Trauerfarbe, hat aber trotzdem die Verbindung zu spiritueller Autorität. Die Buddhisten betrachten die Farbe Weiß als Symbol für die Fähigkeit, das Selbst gemeistert zu haben, während die alten Ägypter, die die Farbe Weiß sehr häufig trugen, sie als Symbol der Freude ansahen. Weiß und Silber waren dem Mond zugewiesen und symbolisierten ebenso die weibliche und unbewußte Seite der Menschheit.
- Gelb steht ebenso wie Gold in fast allen Kulturen für die Sonne und symbolisiert göttliche Macht, Unsterblichkeit und Erleuchtung. Im Hinduismus bedeutet Gelb Leben, Wahrheit, Licht und Unsterblichkeit. Die Buddhisten sehen Gelb als Farbe der Auferstehung, Wunschlosigkeit und Demut. Diese Farbe wird im allgemeinen als Farbe der Sonne und des Glücklichseins betrachtet, des Lichts und des Lebens. Aber ebenso wie bei den anderen Farben wurde ihr auch eine negative Seite zugewiesen; sie wird auch mit Betrug, Unaufrichtigkeit und Falschheit in Verbindung gebracht.
- Blau steht immer in Verbindung mit Wasser und Luft. In den meisten Kulturen wird es in Verbindung mit Wahrheit, Erkenntnis, Weisheit, Loyalität, Beständigkeit, Fruchtbarkeit und Keuschheit gesehen. Blau ist die Farbe der größten Tiefe, des weiblichen Prinzips und der großen Mutter. Im buddhistischen Gedankengut ist Blau die Farbe der Unendlichkeit und des unendlichen Friedens, in der keltischen Mythologie ist sie die Farbe der Dichter oder des Sängers und bei den Hinduisten die Farbe des Krieges und der Fruchtbarkeit. Für die Kabbalisten ist sie die Farbe der Gnade. Jede Kultur scheint Blau zu schätzen, obwohl es manchmal auch den Eindruck von Kälte oder Abstand erweckt.

- Grün wird in allen Kulturen in Verbindung mit der Natur gesehen. Im Buddhismus wird alles mit Grün in Verbindung gebracht, was mit dem Leben zusammenhängt; während im christlichen Gedankengut Grün Unsterblichkeit, Hoffnung und die Entwicklung des Heiligen Geistes im Menschen bedeutet, wie auch den Triumph über den Tod und das jährliche Wiedererwachen des Frühlings als Auferstehung des Lebens nach dem Winter. Grün ist die Farbe der Transformation, der Weiterentwicklung, von Leben und Tod, des Überflusses auf der einen Seite und Unreife oder eben Verfall auf der anderen Seite. Dem Grün werden mildernde, beruhigende und harmonisierende Fähigkeiten zugeschrieben. In der Kabbala steht Grün für den Sieg. Grün ist auch die heilige Farbe des Islam.
- Braun als Farbe der Erde, ist bereits in frühen Kulturen und häufig verwendet worden. Dem Braun werden aber keine heiligen Merkmale zugewiesen. Es kann den Tod der Welt bedeuten und die Ablehnung der Persönlichkeit.
- Violett steht in vielen Kulturen, so bei den Azteken und den Inkas, für das Königliche und für Souveränität, während es im Westen als Farbe des Jupiters gilt und für religiöse Ergebenheit steht. Es wird im allgemeinen mit spirituellen Werten in Zusammenhang gebracht und war bestimmten privilegierten Personen vorbehalten.

Die hier angeführten Farben wurden in der Geschichte der Menschheit am meisten verwendet. Gold und Silber repräsentierten Sonne und Mond.

Von der Spektrumsanalyse über Goethes Farbenlehre zur Anwendung von Farben in der Industriegesellschaft

Obwohl Farben seit Jahrhunderten in der Volksheilkunst angewandt wurden und auch Paracelsus (1493–1541), der große deutsche Mediziner, den Wert der Farben für die Medizin erkannte, konnte damals das Wesen der Farben nicht erklärt werden.

Das änderte sich jedoch 1666 mit den Erkenntnissen des genialen englischen Physikers, Mathematikers und Astronomen Sir Isaac Newton (1643–1727). Er war der Begründer der klassischen Physik, entdeckte das Gravitationsgesetz und entwickelte viele grundlegende Erkenntnisse in den verschiedenen Bereichen seiner drei Fachrichtungen.

Darüber hinaus entdeckte er die Zerlegung des Lichtes in Spektralfarben und stellte die Emmissionstheorie das Lichtes auf, die ich im Exkurs über das Licht dargestellt habe. Newton leitete durch eine kleine Öffnung Sonnenstrahlen in ein verdunkeltes Zimmer, und auf der gegenüberliegenden Seite in Höhe der Öffnung zeigte sich eine helle Scheibe, das sogenannte Sonnenbildchen. Er legte nun in das waagerechte Strahlenbündel ein Prisma aus Glas, dessen brechende Winkel nach abwärts gerichtet waren. Durch das Prisma erfolgte eine Ablenkung (Biegung) der Sonnenstrahlen, und der ursprünglich weiße Lichtkreis erschien jetzt als ein in die Länge gezogenes farbiges Band, auf dem die sieben Farben des Regenbogens zu sehen waren: Rot, Orange, Gelb, Grün, Hellblau, Dunkelblau, Violett. Newtons physikalische Entdeckung bildete die Basis, aber erst hundert Jahre später nahm sich ein weiterer bedeutender Mann der Farbenforschung an. Johann Wolfgang von Goethe (1749–1832) schrieb viele Abhandlungen über Farben und Optik, sein wichtigstes Werk in diesem Zusammenhang ist jedoch seine Abhandlung »Zur Farbenlehre« (27).

1802 entdeckte Wollaston in einem reinen Spektrum dunkle Streifen, die unregelmäßig über das Spektralband verteilt waren; diese wurden von Fraunhofer (1787–1826) später untersucht. Fraunhofer brachte ein System in die scheinbare Verwirrung, und diese Streifen wurden nach ihm benannt. Diese Streifen liegen in fast regelmäßigen Abständen zueinander. Durch das Fraunhofersche System hatte man jetzt feste Bezugspunkte im Spektralband, die erstmals genauere Messungen der Farbstrahlung zuließen.

Bunsen und Kirchhoff entwickelten dann 1859 die Spektralanalyse, und damit wurde es nun möglich, die elementare Zusammensetzung jeder Materie aufgrund der für sie charakteristischen Strahlung festzustellen. In der heutigen Technik, Forschung und Wissenschaft kann auf die Spektralanalyse nicht mehr verzichtet werden. Die Farbe war nun endlich wissenschaftlich akzeptiert worden, und es beschäftigten sich auch andere Wissenschaftler damit. Das traf jedoch nicht auf die Medizin zu, obwohl Goethe schon darauf hingewiesen hatte, daß Farben die menschliche Psyche beeinflussen und daß zwischen Farbe und Empfindung ein enger Zusammenhang besteht.

Die Geschichte des Heilens mit Farben

Von vielen Praktikern der Farbtheorie wird darauf hingewiesen, daß es Heilen mit Farben schon in Atlantis gab. Der überwiegende Teil der Kranken wurde dort mit Farbtherapie behandelt. Die Priester waren zu dieser Zeit gleichzeitig Ärzte, die allein berechtigt waren, Kranke zu behandeln. Nur wer zu einer ausgewählten Gruppe gehörte, durfte Priester und damit auch Arzt werden. Das dazugehörige Wissen galt als Geheimwissenschaft, die nur an Auserwählte weitergegeben werden durfte.

Die alten Ägypter führten diese Tradition fort. Auch hier waren die Priester zugleich Ärzte, und auch hier wurde das Wissen als Geheimwissenschaft behandelt, welches nur an Auserwählte vermittelt werden durfte, die sich harten Prüfungen unterziehen mußten.

Farbtherapie war auch im prähistorischen Peru sowie in Mexiko, ebenso wie im alten Indien bekannt. Das ärztliche Wissen hatte im alten Ägypten, ähnlich wie in Atlantis, einen hohen Stand erreicht, das galt auch für chirurgische Operationen. Von den Pyramiden von Gizeh führte ein heiliger Weg zu den »Sonnenlicht-Heiltempeln« (28), in denen Krankheiten mit Farbtherapie behandelt wurden. Vieles vom Wissen der alten Ägypter ist uns durch den Griechen Hermes Trismegistos überliefert, vieles ging jedoch im Laufe der Jahrhunderte verloren. Die von ihm festgehaltenen Wissensgebiete und Erkenntnisse bezeichnet man ebenso wie die Farbtherapie als hermetische Wissenschaft.

In China wurden Darmkranke mit Gelb behandelt, Epileptiker mit Violett und Scharlachkranke mit Rot. Es wurden auch Herzkranke mit Rot behandelt. Man verhängte die Fenster der Krankenzimmer mit den entsprechenden Farben, gab den Kranken entsprechendfarbige Kleidung zu tragen und bestrahlte sie mit der Farbe (29).

Die Farbe spielt auch heute noch in der Diagnostik der chinesischen Medizin eine entscheidende Rolle:

- *Grün, Grünblau* werden dem Funktionskreis Leber zugeordnet, dem Element Holz, der Geschmacksrichtung sauer, dem Geruch von Urin und saurem Schweiß und entsprechen stimmlichen Manifestationen des Rufens.
- *Scharlachrot* entspricht dem Funktionskreis Herz, dem Element Feuer, der Geschmacksrichtung bitter, es riecht verbrannt und entspricht der stimmlichen Manifestation des Lachens.
- *Gelb* ist dem Funktionskreis Pankreas/Milz zugeordnet,

dem Element Erde, der Geschmacksrichtung süß, es ist wohlriechend und entspricht der stimmlichen Manifestation des Singens.

- *Weiß* entspricht dem Funktionskreis Lunge, dem Element Metall, der Geschmacksrichtung scharf, dem Geruch von rohem Fleisch oder rohem Fisch und der stimmlichen Manifestation des Weinens.
- *Schwarz* entspricht dem Funktionskreis Niere, dem Element des Wassers, der Geschmacksrichtung salzig, es riecht faulig und entspricht der stimmlichen Manifestation des Stöhnens (30).

Man ordnete bestimmte Farben bestimmten Gefühlsstimmungen zu. Rot entsprach z. B. der Freude, Weiß der Trauer und Schwarz der Angst.

Schiegl weist darauf hin, daß es in der Volksheilkunde vieler Länder Rezepte zur Farbbehandlung gab. Bei Gicht oder Rheuma wurde z. B. empfohlen, die befallene Stelle mit einer »mit Indigo gefärbten Schürze« zu umwickeln, oder bei Milchstauungen oder Brustdrüsenentzündungen »blaues Zuckerpapier« auf die entsprechende Stelle zu legen. Erkältungen oder Katarrhe der oberen Luftwege werden seit langem mit Rotlichtbestrahlungen behandelt. Menschen mit Frostbeulen wurde empfohlen, rote Strümpfe zu tragen, wegen der wärmenden Heilkraft der Farbe Rot.

Prof. L. Eberhard erwähnt in ihrem Buch eine weitere alte Volkssitte. Ein Volksglaube sagt, daß rote Bändchen männlichen Säuglingen Unglück bringen. Deshalb setzte es sich durch, daß man den neugeborenen Jungen blaue Bändchen um das Handgelenk gab und den neugeborenen Mädchen rosa Bändchen.

Die Hintergründe dafür wissen wir leider nicht. Uns sind oft die Beweggründe für viele der alten Volkssitten unbekannt. Das Wissen um die Ursachen ist im Laufe der Jahrhunderte verlorengegangen (31).

Auch der bekannte Arzt Paracelsus (1493–1541) hatte die Wichtigkeit der Farben für die Medizin erkannt und sie in Verbindung mit entsprechenden Planeten gebracht.

Die moderne Farbtherapie

Der Amerikaner Dr. Edwin Babitt veröffentlichte 1878 sein Buch »The Principle of Light and Color« und errang damit weltweites Ansehen (32). Er legte damit den Grundstein zur modernen Farbenbestrahlungstherapie. Seine Theorie und die Erfolge, die er mit seinen Behandlungen erzielte, interessierten nun fortschrittliche Mediziner verschiedener Fachrichtungen. Diese neue Heilmethode erhielt den Namen Chromo-Therapie. Prof. Dr. Eberhardt berichtet von einem Dr. Sciascia, der im vorigen Jahrhundert in Sizilien lebte und sich ebenfalls mit Farbtherapie beschäftigte. Er benutzte einen Farblichtapparat, Photokanter genannt, und behandelte damit seine Patienten mit so großem Erfolg, daß er als »Wunderdoktor« galt. Mit seinem Photokanter führte er auch Verjüngungskuren durch, und er selbst soll als Siebzigjähriger wie ein dreißigjähriger Mann ausgesehen haben, ohne Falten und Runzeln im Gesicht, und soll im Besitz von jugendlichen Kräften und Ausdauer gewesen sein (33).

Dr. Eberhardt erwähnt außerdem einen weiteren Italiener namens Morchini, der beobachtete, daß Stahlnadeln, wenn sie ein bis zwei Stunden halbbedeckt grünen, blauen oder violetten Farbstrahlen ausgesetzt wurden, magnetisch wurden. Morchini entdeckte außerdem, daß der rote Farbstrahl die größte Durchdringungsfähigkeit und Tiefenwirkung hat. Die Wellenlänge der Farbe Rot ist doppelt so hoch wie die von Violett.

Faber Birren erwähnt in seinem Buch »Light, Color and Environment« (34) den Pionier Tessier of France, der im 18.

Jahrhundert Pflanzen farbigem Licht aussetzte. Die farbig bestrahlten Pflanzen wuchsen schneller als die nicht bestrahlten Pflanzen. Der amerikanische General A. J. Pleasanton aus Philadelphia bestrahlte das Gewächshaus, in dem seine Weintrauben wuchsen, mit blauer Farbe. Er sah die blaue Farbe als die wichtigste Farbe an. Der Erfolg dieser Bestrahlung war, daß seine Weintrauben die größten in der Umgebung waren. 1895 berichtete C. Flammarion, daß er die besten Erfolge mit Rotbestrahlung erzielen konnte. Dies wurde 1902 von L. C. Corbett bestätigt, dessen Salat unter Rotlichtbestrahlung wesentlich schneller wuchs. Ähnliche Erfahrungen machten andere Forscher in verschiedenen Teilen der Welt. Der Däne Niels R. Finsen z. B., ein weiterer Pionier der Licht- und Farbforschung, gründete 1896 ein Licht-Institut zur Behandlung von Tuberkulose. Er behandelte außerdem Pockenkranke mit Licht- und Farbbestrahlung mit dem Ergebnis, daß die Patienten keine oder nur wenige Narben zurückbehielten. Finsen erhielt 1903 den Nobelpreis und berichtete später über überraschende Heilerfolge mit Licht und Farben an über 2000 Patienten.

Faber Birren führt aus, daß das Zittern bei der Parkinsonschen Krankheit vermindert werden kann, wenn die Patienten Gelb und Rot in ihrer Umgebung meiden und außerdem Brillen mit grüngetönten Gläsern tragen.

1877 entdeckten in England Downs und Blunt die Wirkung von ultraviolettem Licht auf Bakterien. Sie behandelten erfolgreich Rachitis mit ultravioletter Bestrahlung. Patienten, die mit Ultraviolett regelmäßig bestrahlt wurden, produzierten Vitamin D; das Licht tötete Bakterien, die Rachitis wurde geheilt. Die chemischen Veränderungen, die das Licht im Körper auslöst, haben außerdem eine heilende Wirkung auf verschiedene Hauterkrankungen.

In Amerika wurde die Behandlung mit ultraviolettem Licht zur Standard-Behandlung. Aquarium-Fische und andere Tiere werden mit ultraviolettem Licht behandelt, wenn sie unter bestimmten Viruserkrankungen leiden. Fette, Öle und Milch bilden Vitamin D, wenn sie mit ultraviolettem Licht bestrahlt werden. Es hat aber genau den umgekehrten Effekt, wenn man Lebertran damit bestrahlt: Lebertran verliert seine Wirkung. Ultraviolettes Licht verstärkt den Protein-Stoffwechsel und verringert den Zuckerspiegel im Blut der Diabetiker.

Zuviel Bestrahlung schädigt die Haut und die Augen, und eine länger andauernde Bestrahlung mit ultraviolettem Licht verursacht Hautkrebs und Katarakt.

Die englische Farbtherapeutin Wood berichtet, daß in Amerika in den letzten 10–15 Jahren ca. 30 000 frühgeborene Babies, die unter Gelbsucht litten, nicht mit Bluttransfusionen behandelt, sondern mit blauem Licht bestrahlt wurden. Das blaue Licht irritierte jedoch die Krankenschwestern dieser Stationen, und viele der Krankenhäuser installierten zusätzlich Lampen mit goldenem Licht, das eine beruhigende und ausgleichende Wirkung auf die Krankenschwestern hat (35). In der Sowjetunion wird schon seit langem mit der Farbtherapie experimentiert. Dort behandelt man Bergleute, die ständig in der Gefahr sind, eine Staublunge zu bekommen, mit ultraviolettem Licht. Außerdem werden Schulräume mit verschiedenfarbigen Lampen beleuchtet. Die Kinder, die in diesen Räumen unterrichtet werden, wachsen schneller, sind weniger oft erkältet und erbringen bessere Leistungen.

Ein weiterer Vorkämpfer der modernen Farbtheorie ist Dr. Georg von Langsdorff, der 1894 sein Buch »Die Licht- und Farbgesetze und deren therapeutische Anwendung« veröffentlichte. Er entdeckte, daß Rotlicht die Ausdehnung der Gefäße bewirkt und eine bessere Durchblutung erzeugt, während Blaulicht eine Verengung der Gefäße und Blutleere herbeiführt, wodurch die Haut unempfindlicher gemacht wird. Diese Erkenntnis machen sich heute manche Zahnärzte zunutze: sie verwenden Blaulichtbestrahlungen bei kurzen operativen Eingriffen und zur Verhinderung von Zahnschmerzen (36).

Die Anthroposophen Annie Besant und Charles W. Leadbeater veröffentlichten 1901 ein Buch, welches heute noch einzigartig ist: »Thought-Forms« (37), Gedankenformen, welches bisher in viele Sprachen übersetzt wurde. Sie beschäftigten sich mit dem Zusammenhang von Gedankenformen wie Liebe und Freude, Enttäuschung und Ärger und dem Ausdruck jeder Gedankenform in Farben in der Aura (elektromagnetisches Umfeld um den menschlichen Körper, siehe Kapitel »Wirkungsebenen der Farben«).

Leadbeater und seine anthropologische Kollegin Alice Bailey (38) beschäftigten sich ebenso wie der Schweizer Rudolf Steiner mit der Bedeutung und dem »Wesen der Farben«. Rudolf Steiner versteht den Menschen und die Natur und das Weltall im Zusammenhang, d. h. ganzheitlich. Basierend auf der Farbenlehre von Goethe, glaubt er, daß man von der Farbenlehre ausgehend Gesundheit und Krankheit begreifen können muß (39).

Der Erste Weltkrieg unterbrach die Forschungen auf dem Gebiet der Farbtherapie. 1931 erschienen zwei Bücher, die sich mit Farbtherapie beschäftigten. G. W. Surya beschreibt in seinem Werk »Moderne Rosenkreuzer« Farblichtbetten und Farblichtstühle und spricht von Räumen für Farbbehandlungen, die mit besonderen Farbfiltern und Farbvorhängen ausgestattet waren (40).

Bruno P. Schliephacke entwickelt in seinem Buch »Farbe und Heilweise«, welches auch 1931 erschien, Theorien über das Heilen mit Farben, die man als die Basis der modernen Farbbestrahlungstherapie ansehen kann (41).

- Krankenhäuser werden heutzutage farbig gestrichen. Sie können nicht mehr mit den Krankenhäusern von früher, mit deren antiseptischen weißen und grauen Wänden und Türen verglichen werden. Krankenhäuser sind mit den Farben auch freundlicher geworden.

In allen Studien, die sich damit befassen, welche Farben von den meisten Menschen bevorzugt werden, sind Blau, Rot und Grün die drei bevorzugten Farben; während Orange, Violett und Gelb-Grün die drei am wenigsten beliebten Farben sind.

Die Autorin Hazel Rosotti beschreibt in ihrem Buch »Colour« die Erfahrungen, die mit gestörten Kindern und Farben in einem Heim in England gemacht wurden. Die Kinder wurden gebeten, Bilder zu malen, und die Erzieher notierten sich die Farbe, die von jedem Kind am meisten in den Bildern verwendet wurde. Dann wurde diese Farbe auf die Trennwände zwischen den Betten übertragen, und es wurde festgestellt, daß die Kinder besser, schneller und ruhiger einschliefen (42).

Betty Wood, eine englische Farbtherapeutin, berichtet von Erfahrungen in Kalifornien im San-Bernadino-Bewährungs-Zentrum. Hier wurden aggressive und gewalttätige Kinder in eine 2,40 m x 1 ,20 m große Zelle gesteckt, die vollständig rosa ausgemalt war. Der Direktor dieses Zentrums berichtet, daß sich diese Kinder nach etwa zehn Minuten beruhigten, daß sie zu schreien aufhörten, nicht mehr gegen Wände und Türen schlugen, sondern in den Schlaf fielen, und er berichtete darüber hinaus, daß dieser beruhigende Effekt einige Zeit andauerte.

In diesem Zusammenhang ist ein Bericht im BBC-Fernsehen vom 14. April 1989 interessant: In einem englischen Gefängnis in West Yorkshire war eine Zelle in grellem Rosa gestrichen worden, um gewalttätige Gefangene darin zu beruhigen. Diese blieben in der Zelle, bis sie sich wieder beruhigt hatten. Hinterher entschuldigten sie sich sogar, ein für Gefängnisinsassen ungewöhnliches Verhalten. Das Gefängnispersonal beobachtete, daß sich der beruhigende Effekt der rosa Farbe umkehrte, wenn die Gefangenen länger als eine Stunde in der Zelle blieben. Nach vier Stunden wurden sie völlig aggressiv und mußten zur Beruhigung in eine blaue Zelle gebracht werden (43).

Theo Gimbel aus England, der als Vater der modernen Farbtherapie bezeichnet wird, entdeckte, daß Pflanzen, mit rotem Licht bestrahlt, zunächst sehr schnell wuchsen, später jedoch ihr Wachstum sehr verlangsamten. Diese mit Rot bestrahlten Pflanzen schmeckten außerdem bitter. Pflanzen, die mit Grün bestrahlt wurden, wuchsen auch schneller, zerfielen aber bald, während die mit blauem Licht bestrahlten Pflanzen größer und kräftiger wurden als alle mit anderem Licht bestrahlten Pflanzen und besser schmeckten.

Gimbel berichtet in seinem Buch »Healing Through Colour« (44), daß eine aggressive Menschenmenge mit Blaulichtbestrahlung beruhigt werden konnte. Er berichtet auch über eine Ausstellung in London, bei der alle Ausstellungsräume in verschiedenen Farben gestrichen waren. Auffälligerweise wurden nur aus dem gelb gestrichenen Raum Sachen gestohlen. Die Farbentheoretiker schlossen daraus, daß diejenigen, die dort Sachen gestohlen haben, Gelb nicht leiden konnten.

In Deutschland entwickelte der Farbakupunkteur Peter Mandel eine sehr erfolgreiche Farbtherapie; sein Buch wurde 1986 veröffentlicht (45). Er bestrahlt die Akupunkturpunkte mit Farben und behandelt damit auch schwerwiegende Krankheiten wie Krebs.

Der englische Arzt Dr. Douglas Baker, der in Nord-London ein College für Metaphysik aufgebaut hat und dieses auch leitet, sowie Lily Cornfeld, eine bekannte englische Farbtherapeutin, arbeiten und unterrichten die mentale Farbentherapie, d. h. sie konzentrieren sich auf die erkrankten Stellen im Körper des Patienten und visualisieren die Farben auf oder in den erkrankten Stellen.

Ich selber arbeite mit beiden Methoden, mit der Bestrahlung durch Lampen als auch mit der mentalen Methode (46). Beide Methoden werden im Kapitel »Methoden der Farbtherapie« beschrieben.

Alle modernen Farbtheorien basieren auf den Grundsätzen der Farbentheorie von Goethe. Goethe selber bezeichnete die Erforschung der Farben als sein Lebenswerk und maß ihr größere Bedeutung zu als seinen literarischen Werken. Das neue an Goethes Ansatzpunkt war, daß er die Farben als Teil eines Harmoniegesetzes ansah, das für Farben ähnlich wie für Töne gilt. Er stellte fest, daß es drei reine Farben, Rot, Gelb und Blau, gibt und daß die anderen Farben Mischungen aus diesen drei sind. Goethe setzt die drei reinen Farben, die er Grundfarben nennt, an die jeweiligen Ecken eines gleichseitigen Dreiecks, das als geometrische, aber auch als harmonische Figur dem Dreiklang der Musik entspricht.

Werden nun diese Farben zu gleichen Teilen gemischt, erhält man die Mischfarben erster Ordnung:
Rot und Gelb = Orange
Gelb und Blau = Grün
Blau und Rot = Violett

Setzt man nun diese Mischfarben – wie auf der Abb. 4 – jeweils zwischen die drei Grundfarben, d. h. Orange zwischen Rot und Gelb, Grün zwischen Gelb und Blau und Violett zwischen Blau und Rot, ergibt das ein weiteres Dreieck.

Die sich direkt gegenüberstehenden Farben werden als *Komplementärfarben* bezeichnet. Grün ist die Komplementärfarbe zu Rot, Gelb zu Violett und Blau zu Orange. Mischt man nun eine Farbe mit ihrer Komplementärfarbe zu gleichen Teilen, wird die neue Farbe immer Grau, da durch die Mischung Anteile der drei Grundfarben wieder zusammen-

Abbildung 4

kommen. Die Farbe Orange, gemischt mit ihrer Komplementärfarbe Blau, ergibt Grau. Orange ist ein Farbengemisch aus den Farben Rot und Gelb, addiert man die Komplementärfarbe Blau, so ergibt dies Grau.

Goethe unterscheidet außerdem, entsprechend der Wirkung, die Farben auf Menschen haben, zwischen kalten und warmen Farben (47). Warme Farben sind Grün, Gelb, Orange und Rot, und die kalten Farben sind Grün, Blau, Violett und Rot. Rot und Grün fallen demnach in beide Kategorien, sie werden sowohl als kalte als auch als warme Farben angesehen, und zwar entsprechend ihrer Mischung. Grün mit erhöhtem Gelbanteil wirkt warm, während Grün mit erhöhtem Blauanteil kalt wirkt. Ähnlich ist es mit Rot. Rot mit erhöhtem Orangeanteil wirkt warm, hat es jedoch einen erhöhten Violettanteil wirkt es kalt.

Aussagekraft der Farben

Die ägyptischen Priester, die das esoterische Wissen und die Weisheit einer untergegangenen Epoche besaßen und hüteten, hinterließen uns Manuskripte über ihre Wissenschaft der Farben, die wir noch heute als ausgezeichnet ansehen. Sie wendeten das Gesetz der Korrespondenz zwischen der siebenfachen Natur des Menschen und der siebenfachen Teilung unseres Sonnensystems an.

Die Tempel-Meister lehrten schon vor Tausenden von Jahren, daß die Grundfarben Rot, Gelb und Blau mit Körper, Seele und Geist des Menschen korrespondieren. Diese Lehre wurde durch die Jahrtausende hindurch akzeptiert und ist immer erweitert worden. Im Laufe der Geschichte haben Wissenschaftler und Philosophen auf die Bedeutung von Licht und Farbe im Zusammenhang mit dem Leben hingewiesen. Der griechische Wissenschaftler und Philosoph Pythagoras (580–496 v. Chr.) und der deutsche Arzt und Philosoph Paracelsus, der bahnbrechend für die moderne naturwissenschaftliche Medizin war (1493–1541), wiesen bereits auf diesen Zusammenhang hin.

Für Paracelsus, Steiner, Bailey, Leadbeater, Dr. Baker, Ouseley, um nur einige Namen zu nennen, beginnt das Leben als eine schnell vibrierende Ansammlung von schillernden und funkelnden Farben (48). Der englisch-irische Philosoph Francis Bacon fordert sogar, daß wissenschaftliche Forschung vor der Form beginnt, bevor Materie für uns sichtbare Form angenommen hat. Für ihn ist Farbe Leben (49). Diese Aussage bedeutet, daß Wissenschaft mit Licht und Farbe beginnen sollte. Der Farbtherapeut und Farbenforscher Theo Gimbel sieht die unterschiedliche Dichte von Materie als verschiedene Entwicklungsstufen an.

In der Januar-Ausgabe der englischen Fachzeitschrift »Journal for Alternative and Complementary Medicine« (50) bezeichnet Dr. C. Shreeve das Heilen mit Farbe und Klang als die Medizin der Zukunft. Ebenso wird in dem populärwissenschaftlichen englischen Magazin »Quest« von 1989 das Heilen mit Farben gleichberechtigt neben der Endoskopie als Medizin der Zukunft bewertet (51).

- Den sieben Farben des Regenbogens entsprechen die sieben Strahlen, in die jeweils die folgenden Bereiche fallen:
  1. Rot: Macht und Autorität, d. h. Regierungen, Politik, Verwaltung.
  2. Orange: Konkretes Wissen, d. h. Wissenschaft, Forschung, Schärfe des Denkens.
  3. Gelb: Intelligenz, Wirtschaft, Industrie, Geld.
  4. Grün: Harmonie durch Konflikt, d. h. die Kunst des Lebens, künstlerische Kreativität, Kreativität im weitesten Sinne.
  5. Blau: Hingabe, d. h. Idealismus, Vertrauen, Glauben, Verehrung, Respekt, institutionalisierte Religion.
  6. Indigo: Liebe – Weisheit, d. h. Lehren, wahre Kultur, wahre Religion (nicht die Institutionen), Heilen.
  7. Violett: Zeremonie, Organisationen, d. h. Rituale, Magie, Prunk und Pomp (52).

- Den sieben Farben des Regenbogens entsprechen außerdem die sieben Hauptdrüsen des Körpers mit ihren Energiezentren, den Chakren (53), siehe Abb. 11 auf Seite 128.
  1. Rot: Basis-Chakra
  2. Orange: Milz-Chakra
  3. Gelb: Sonnengeflecht
  4. Grün: Herz-Chakra

5. Blau: Kehlkopf-Chakra
6. Indigo: Drittes Auge
7. Violett: Scheitel-Chakra

- Jede der sieben Regenbogenfarben hat außerdem sieben spezifische Eigenschaften (Elemente):
  1. Ein physikalisches oder materielles Element.
  2. Ein psychologisches Element.
  3. Ein harmonisierendes, verbindendes Element.
  4. Ein vitales, kraftspendendes Element (Lebenskraft).
  5. Ein heilendes Element.
  6. Ein intuitives und anregendes Element.
  7. Spirituelles Element einer höheren Bewußtseinsstufe.

Die sieben Regenbogenfarben spiegeln aber nur die Oktave der sichtbaren Farben wider. An jedem Ende dieses Spektrums befinden sich verschiedene Oktaven höherer, feinerer Farbstrahlungen und Röntgenstrahlungen.

Die sieben Regenbogenfarben sind jedoch wesentlich mehr als nur die Schwingungen von Licht. Von der kosmischen Sichtweise her gesehen, ist das Spektrum ein wichtiger Teil innerhalb der Entwicklung unseres Universums. Jede einzelne dieser Farbstrahlen steht für eine der großen revolutionären Epochen in der Geschichte des Universums (54). Dem Wassermann-Zeitalter entspricht z. B. die Farbe Blau, die Farbe des Kehlkopf-Chakras (55).

Außerdem besteht ein Zusammenhang zwischen den sieben Farben des Regenbogens und den sieben Tönen der Oktave, auf den viele Wissenschaftler, wie z. B. Pythagoras, Kepler, Cousto, Behrendt, Hannen, hinweisen (56).

Im folgenden Kapitel werden die Qualitäten und Wirkungen der einzelnen Farben beschrieben und warum verschiedene Farben von Menschen bevorzugt oder abgelehnt werden. Obwohl Gesetzmäßigkeiten, die für alle Zeiten und alle Kulturen gelten, bisher in der Farbanalyse nicht gefunden wurden, sind die unten beschriebenen Qualtitäten und Wirkungen relativ allgemeingültig in unserem westlichen Kulturkreis.

Wenn jemand fast ausschließlich nur eine Farbe trägt, ist das ein Zeichen dafür, daß die Balance nicht stimmt. Jede Farbe hat positive und negative Eigenschaften und Wirkungen. Ein fast vollständiges Konzentrieren auf eine Farbe in der Kleidung und evtl. sogar noch der Wohnungseinrichtung weist entweder auf die negativen Eigenschaften dieser Farbe hin oder aber, daß unbewußt versucht wird, die fehlenden Qualitäten der Farbe durch ein Übermaß im direkten Umfeld auszugleichen.

Weiß ist die Farbe der Reinigung, der Klarheit. Wir sind alle auf dem Wege zum »weißen Licht«.

Die weiße Farbe ist das Symbol der Reinheit, Unschuld und auch der Naivität. Diese Farbe symbolisiert Jugend und Frische.

Weiß wird von manchen religiösen Gruppen getragen, die damit die Reinheit des Herzens ausdrücken wollen sowie den Wunsch nach Einfachheit und einem einfachen Leben.

- Wenn jemand ständig aus nichtreligiösen Gründen Weiß trägt, kann das besonders bei älteren Leuten auf eine unreife Persönlichkeit hindeuten. Es kann sich um jemanden handeln, der zum Perfektionismus neigt und undurchführbare Ideen hat. Wenn Weiß aber mit anderen Farben gemischt getragen wird, weist es auf eine lebendige und ausgeglichene Persönlichkeit hin.

Im Volksmund kann man vor Schreck weiß werden wie die Wand, aber auch vor Schreck erbleichen. Weiß ist die Farbe der Novizinnen im Kloster, die Farbe der Jungfräulichkeit bei der Taufe und bei der Trauung. Die Priester mancher Kirchen tragen Weiß. Weiß gilt aber auch als die Farbe der Sterilität: In den Krankenhäusern wurden nach den Entdeckungen von Louis Pasteur alle Räume zur Desinfektion weiß gestrichen, und auch die Ärzte hatten weiße Kittel zu tragen. Eine weiße Weste haben, bedeutet im Volksmund unschuldig zu sein; man sagt auch, daß jemand eine reine Weste hat. Den »Persilschein« zu haben, bedeutete nach dem Krieg, daß man die Alliierten davon überzeugt hatte, daß man an den Verbrechen der Nationalsozialisten nicht beteiligt war. Im Volksmund heißt es aber auch, daß man entmündigt wurde. Die weiße Fahne ist das Zeichen der Kapitulation, der Aufgabe.

In buddhistischen und hinduistischen Ländern wird Weiß als die Farbe der Trauer getragen. Die Farbe ist aber ein Zeichen der Freude, da der Verstorbene jetzt in ein neues, besseres Leben »hineingeboren« wurde.

Rot ist neben Blau die Lieblingsfarbe der meisten Menschen. Sie ist die Farbe der Stärke, Gesundheit und Vitalität.

Diese Farbe wird oft von Personen getragen, die extrovertiert und sehr lebendig sind, aber auch impulsiv, kraftvoll und energisch und die eine Tendenz zur Aggressivität haben können. Diese Personen sind oft kurzangebunden, manchmal eher schroff und wollen alles vom Leben haben, was möglich ist. Sie sind von optimistischer Persönlichkeit, eher von unruhigem Charakter und erwarten, daß sie sich allzeit in einem »Hoch« befinden. Diese Personen kennen ihre Schattenseiten wenig. Es fällt ihnen schwer, objektiv zu sein, und sie haben eine Tendenz, andere für ihre Mißerfolge verantwortlich zu machen.

- Wenn jedoch eine ruhige Person viel Rot trägt, braucht sie die Wärme, Kraft und lebengebende Qualität von Rot, oder aber sie versteckt ihre wahren Gefühle hinter dieser äußeren Front.

Rot wird aber in der Regel eher von denjenigen viel getragen, die eine offene und unkomplizierte Art haben, mit sich und dem Leben umzugehen.
Rot ist assoziiert mit den Fortpflanzungsorganen, und man sollte Rot nur nach gründlicher Überlegung tragen.
Rot ist eine Farbe mit sehr starken Schwingungen, die Menschen gewalttätig machen kann (57). Rot als Wandfarbe sollte auf jeden Fall vermieden werden.
Rot ist jedoch von Vorteil für Frauen, die nicht schwanger werden können. Es empfiehlt sich in diesen Fällen, eine rote Schlafzimmerlampe aufzuhängen, um die Energie der Sexualorgane zu unterstützen. Rot ist deshalb ebenfalls eine Farbe, die angewendet werden kann bei Menschen, die wenig Interesse an Sexualität haben, da diese Farbe das Interesse an Sexualität unterstützt (58).

Der Volksmund assoziiert Rot mit Gefahr, Leidenschaft, Revolution (rote Fahnen), aber auch mit Hilfe: Feuerwehr, Rotes Kreuz. Man kann rot vor Wut sein, aber auch vor Scham und Verlegenheit rot werden.

Rosa enthält die feineren Qualitäten von Rot. Sie symbolisiert Liebe und Zuneigung ohne Leidenschaft.

- Jemand, dessen Lieblingsfarbe Rosa ist, wünscht sich Schutz, eine besondere Behandlung von der Umwelt und ein beschütztes Leben. Diese Menschen brauchen Zuneigung und Liebe und müssen sich sicher fühlen. Die starken Schwingungen von Rot machen sie unsicher. Rosa wird oft von Frauen getragen, die eher zart und zerbrechlich wirken. Rosa ist auch eine warme Farbe und hat ein weites Farben-Spektrum, von Erdbeerfarben bis zum hellen Rosa der Apfelblüten. Wenn jemand jedoch zuviel Rosa trägt, weist das darauf hin, daß die Person im Wolkenkuckucksheim lebt und alles durch die »rosa Brille« sieht.

Orange ist eine Farbe, die uns inspirieren und anregen kann. Diese Farbe hat weder die Intellektualität von Gelb noch die Sexualität von Rot. Orange hilft in Fällen von Depressionen oder bei Menschen, die lethargisch und desinteressiert sind. Für sie ist von großem Nutzen, wenn sie Orange in ihrer Kleidung tragen (59).

Orange ist eine »soziale« Farbe, die Freude, Spaß und Personen kennzeichnet, die eher extrovertiert sind und viel Spaß an Geselligkeit haben. Sie können es nicht leiden, wenn andere ständig im Rampenlicht stehen, sie schmollen, wenn sie zu lange unbeachtet bleiben. Sie sind aber in der Regel gutmütig und beliebt. Sie können oberflächlich, launisch und schwankend sein, sind aber im allgemeinen kameradschaftlich und bemühen sich, sich anzupassen.

Für Harold Bopst (60) ist Orange die Farbe der Jugend, Stärke, Angstlosigkeit, Neugierde und Unruhe. Orange ist die Farbe, von der wir alle nicht genug haben, und ein bißchen mehr Orange würde uns allen guttun.

- Wem die Schwingungen von Orange zuviel sind, kann auf Aprikose ausweichen. Hier ist der kraftvolle Schwingungsanteil von Orange etwas gemildert.
  Jemand, der sich zuviel mit Orange umgibt oder nur Orange trägt, hat einen großen Bedarf an den anregenden Qualitäten der Farbschwingungen Rot und Gelb.
  Die buddhistischen Mönche tragen orangene Kutten.

Pfirsichfarben ist ein feineres Orange. Sie wird auch manchmal als die Farbe der spirituellen Liebe bezeichnet. Sie erscheint manchmal in der Aura von Menschen, die sich in ihrer eigenen Seele auskennen.

- Diese Farbe hat einen starken Einfluß auf unsere Haut und erhält uns jung. Es ist deshalb von Vorteil, unser Schlafzimmer pfirsichfarben zu streichen.

Gelb wird mit der linken Gehirnhälfte assoziiert und hilft, diese Seite zu stimulieren. Sie unterstützt uns deshalb beim Studium, und sie aktiviert die intellektuelle Seite. Sie hilft auch denjenigen, die zu offen, d. h. zu wenig geschützt, oder zu kreativ, d. h. zu wenig »geerdet«, sind. Wenn Menschen intellektuell überaktiv sind, empfiehlt es sich, die Farbe zu reduzieren.

Gelb ist eine der drei Grundfarben. Sie ist die Farbe des Glücklichseins, der Weisheit und der Imagination. Personen, die Gelb sehr mögen, sind Abenteurer im geistigen Bereich, sie suchen Neues und Selbsterfüllung. Zu dem gelben Typ gehören Menschen, die sich zur Philosophie hingezogen fühlen sowie zu unterschiedlichen Religionen und Weltanschauungen.

Gelb ist auch die Farbe von Personen mit einer heiteren und gescheiten Persönlichkeit, mit einem gut ausgeprägten Geschäftssinn und Sinn für Humor. Gelb ist die Farbe der Intellektualität und von allem, was mit dem Verstand zu tun hat.

»Gelbe« Menschen sind in der Regel klare Denker, die ihre eigene geistige Kapazität gut einschätzen können und hohe Ideale besitzen. Sie haben manchmal eine Neigung, Verantwortung abzulehnen, sie bevorzugen die Freiheit der Gedanken und der Handlungen. Sie werden gern bewundert, aber sie suchen die Bewunderung nicht so direkt wie rote oder orange Menschen.

Gelb ist wie Rot eine warme Farbe und hat auch dementsprechende Qualitäten, allerdings eher im geistigen Bereich, während die warmen Qualitäten von Rot sich mehr auf den physischen Bereich beziehen. Beide Farben haben eine Tendenz zur Ungeduld. »Gelbe« Menschen vertreten starke Überzeugungen und sind eher von sich eingenommen und eigensinnig.

Gelb ist die Farbe, die eine bessere Stimmung hervorruft: ob man die Farbe trägt oder einen dunklen Raum damit heller und freundlicher gestaltet. Mit Gelb ist immer Sonnenschein und Freude verbunden.

- Wenn jemand Gelb nicht mag, kann das auf eine Angst hinweisen, tiefer in sich selbst hineinzuschauen, die eigene Motivation zu erforschen. Menschen, die kein Gelb mögen, sind oft in ihren eigenen Ideen gefangen, drehen sich geistig im Kreis und versuchen, unangenehme Gedanken wegzuschieben. Viele Menschen haben Angst vor ihren eigenen tieferen Gedanken und Gefühlen, sie wollen damit nicht allein sein, oder es besteht eine tiefe Angst, zu konventionell zu sein, und daß, wenn man die eigenen tieferen Gedanken erforscht, eine Art Wirbelsturm ausbrechen könnte, der einen einfach mitzieht und in Bereiche trägt, vor denen man Angst hat.

Die Komplementärfarbe Violett kann bei Gelbüberschuß als Ausgleichsfarbe eingesetzt werden.

Gelb ist wie Orange auch eine Schutzfarbe: gelbe Straßenbeleuchtungen (Belgien), gelbe Autoscheinwerfer (Frankreich), gelbe Warnlampen bei Baustellen, gelbe Seglerkleidung. Tiere wie der Löwe, der Tiger und die Giraffe haben ein gelbgetöntes Fell, welches sie als Schutzfarbe auf dem hellen Wüstensand entwickelt haben können.

Der Volksmund assoziiert Gelb auch mit Eifersucht und Neid.

Grün ist die Farbe der Balance, die Farbe zwischen Gelb und Blau. Grün unterstützt das Nervensystem, es hat eine ausgleichende Wirkung und fördert so das Herz. Grün wirkt beruhigend und ausgleichend. Es ist die Grundfarbe in der Natur.

- Unser heutiges Leben im Asphaltdschungel, mit wenigen öffentlichen Parks oder Gärten, führt zu Unausgeglichenheiten in unserem System. Deshalb sollten wir besonders in Kleidung und Ernährung darauf achten, daß wir Grün zu uns nehmen. Menschen, deren Herz-Chakra zu langsam arbeitet, werden allerdings mit zuviel Grün noch langsamer werden.

Grün ist die Farbe der Harmonie: Sie symbolisiert Hoffnung, Frieden, aber auch Erneuerung. Sanfte und aufrichtige Menschen bevorzugen Grün. Es sind in der Regel offene Menschen, die geradeheraus sind und gern in Gemeinschaft leben. Menschen, die eine hohe Moral haben, aber nicht prüde sind, mit einer offenen Haltung dem Leben und den Menschen gegenüber. Trotz dieser sozialen Eigenschaften mögen sie in der Regel ebensogern die Stille und Abgeschiedenheit eines Lebens auf dem Lande.

Diese Menschen stellen sich gern selbst in den Schatten, sind bescheiden, geduldig und werden oft von anderen ausgenützt. Sie sind in der Regel kultivierte und zivilisierte Menschen mit einem guten Ruf, wollen aber nicht zu oft im Mittelpunkt stehen. Die grünen Menschen sind oft sehr gute Lehrer.

- Grün ist – ebenso wie Hellblau – entspannend für die Augen.
  Zuviel Grün hat einen eher depressiven Effekt. Wenn jemand fast ausschließlich Grün trägt oder alles in seiner Umgebung Grün gestrichen ist, kann es sehr gut möglich sein, daß die Person unter unbewußten Ängsten leidet und Grün als die natürliche Farbe der Harmonie und Balance wählt, um sich besser in einer unsicheren und feindlichen Umwelt zurechtzufinden. In diesem Fall fehlt Rot, die Komplementärfarbe.

Im Volksmund wird Grün mit Übelkeit assoziiert; jemand sieht grün aus, weil es ihm schlecht ist; oder jemand ist noch grün hinter den Ohren, ein Grünschnabel, d. h. jemand, dem noch Lebenserfahrung fehlt.

Blau ist eine beruhigende, kühlende Farbe. Sie wirkt sehr besänftigend auf Personen, die zu aggressiv und ungeduldig sind.

- Hellblau ist gut für die Augen, es beruhigt und entspannt. Blau ist die Farbe, die uns mit dem Himmel und den Ozeanen verbindet.

Rot und Blau sind die Lieblingsfarben der meisten Menschen. Blau ist eine ruhigstellende, lindernde Farbe, die die Probleme des täglichen Alltags vergessen machen läßt. Blau gestrichene Wände beruhigen. Deshalb gibt es auch in vielen Krankenhäusern Wände, die hellblau gestrichen sind.

Blau ist aber auch die Farbe des Konservatismus und der Pflicht sowie die Farbe der Überlegung und der Selbstbeobachtung, der Innenschau.

- Menschen, die eine sehr starke Tendenz zu Blau haben, können rigide und selbstgerecht sein. Sie sind zwar der Überzeugung, daß ihre Absichten ehrlich sind, versuchen aber, andere aus »Vernunftsgründen« in ihrem eigenen Interesse zu überzeugen, d. h. zu manipulieren.

Blaue Menschen integrieren sich gern in eine Gruppe. Die blauen Leute sind sensibel und haben sich leichter unter Kontrolle, und sie werden von anderen wegen ihres ausgeglichenen Charakters sowie ihrer Weisheit und ihrer Klugheit bewundert.

Blaue Menschen passen sich gut an, sind treu und liebevoll, bis hin zu Sentimentalität. Sie haben oft feststehende Ansichten, geben ungern nach, sind beweglich und machen sich oft viel zuviel Sorgen. Ihre Selbstgerechtigkeit führt zu einer Selbstbeurteilung. Sie sind sehr sozial und loyal zu ihren Freunden, gegenüber Fremden eher vorsichtig, besonders bei auffallenden Menschen. Sie sind geduldig und durchhaltend, sind aber der Meinung, daß jeder Mensch ein aufrechtes und ausgeglichenes Leben führen sollte. Sie sind in der Regel gewissenhafte und zuverlässige Arbeiter, die blauen Menschen sind aber nicht die Kreativsten.

Blau steht im Volksmund für betrunken. Es gibt aber auch den blauen Montag, an dem nicht ordentlich gearbeitet wird und an dem die meisten Fehler gemacht werden. Das Montags-Auto ist z. B. im Volksmund ein neues Auto, an dem viele Funktionen nicht ordnungsgemäß sind, da es montags hergestellt wurde und die Arbeiter noch mit den Folgen des Wochenendes zu kämpfen hatten. Man macht blau bei der Arbeit, d. h. man schwänzt und erfindet eine Ausrede, warum man arbeitsunfähig ist.

Blau-Grün Diese Farbmischung wird, so Birren und Lüscher, in der Regel von Menschen bevorzugt, die von sich selbst eine hohe Meinung haben, die anspruchsvoll sind bis zu einem Grad, daß sie schon fast kleinlich sind. Sie sind gelassen und werden von den Mitmenschen oft mit Neid und Ärger betrachtet, die selbst von sich meinen, es nicht so weit gebracht zu haben.

Bei blau-grünen Menschen kann es sich um solche handeln, die eher Liebe nehmen, anstatt sie zu geben. Sie sind sensibel, intellektuell und kultiviert, mit einer nach außen wirkenden Selbstsicherheit. Sie sind außerdem von durchhaltendem Charakter, eher unparteiisch und über den Dingen stehend. Sie sind in der Regel in der Lage, ihre eigenen Angelegenheiten zu regeln, und lehnen Hilfe und Unterstützung, aber auch Führung ab.

Diese Menschen werden immer anderen helfen, sie sind dabei jedoch eher distanziert. Sie haben einen ausgezeichneten Geschmack, sind freundlich und sehr charmant, erwarten aber Bewunderung und sehen es als selbstverständlich an, daß die Menschen sich entsprechend dieser Erwartungen verhalten.

Blau-Grün wird im Volksmund mit Kälte gleichgesetzt.

Türkis ist die Farbe der Selbstdarstellung. Türkis hilft in Situationen der Unsicherheit, z. B. wenn man vor Gruppen von Leuten zu reden hat. Es empfiehlt sich dann, Türkis zu tragen. Türkis hilft auch Menschen, die scheu sind, sich anderen gegenüber zu öffnen.

- Menschen, die Türkis bevorzugen, sind komplex, phantasiereich und originell. Sie treiben sich selbst bis an die eigenen Grenzen, und unter der äußeren Sicherheit und Gelassenheit brodelt eine innere Unruhe, evtl. sogar ein innerer Aufruhr. Türkis unterstützt das Selbstbewußtsein und wirkt schützend.

Der Edelstein Türkis gilt im Volksmund als schützender Stein, der einen vor dem Teufel bewahrt.

Indigo Die Farben aus dem dunkelblauen Spektrum sind die heilenden Farben.

- Wenn diese Farbe zu häufig getragen wird, kann man unbewußt und ungewollt die Schwingungen des Dritten Auges zu sehr unterstützen und seine eigenen Aura-Schwingungen aus dem Gleichgewicht bringen.

Lavendel ist ein hellerer Ton im Farbbereich Violett und kann eher kühl und abweisend wirken.

Diese Farbe assoziiert Eitelkeit, übertriebene Weiblichkeit und Erhabenheit bis zur Arroganz. Sie wird oft von Personen bevorzugt, die »in einer höheren Welt« leben und niemals etwas Gemeines oder Niedriges wahrnehmen. Diese

Menschen sind immer tadellos und mit bestem Geschmack gekleidet. Ihre Interessen beziehen sich auf kulturelle Dinge »höherer Ordnung«. Wichtig für sie ist, daß sie sich ihre Hände nicht schmutzig machen, über den Dingen stehen und nicht in weltliche Dinge, die sie negativ definieren, verwickelt sind.

Diese Menschen sind in der Regel witzig, charmant und leben in einer besseren Welt. Sie sind künstlerisch begabt oder zumindest sehr an Kunst interessiert und versuchen, andere auf denselben Weg zu bringen. Sie lassen sich sehr von »Größe« beeindrucken bzw. von dem, was in Kultur und Gesellschaft als Größe angesehen wird. Diese Menschen wollen, daß das Leben nach ihren Wünschen verläuft. Sie haben eine Tendenz, in einer Phantasiewelt zu leben.

Diese Farbe wird auch von Menschen bevorzugt, die von den schmutzigen Dingen dieser Welt weg wollen und sich ein aufregenderes und ereignisreicheres Leben wünschen. Die Komplementärfarbe ist Gelb.

Violett ist die Mischfarbe zwischen Rot und Blau und vereint die beiden Gegensätze: Leben, Kraft, Feuer, Vorwärtstreiben und Ruhe, Gelassenheit, Stehenbleiben (konservativ). Die Farbe stellt den Mittelwert zwischen Erde und Himmel, Leidenschaft und Intelligenz, Liebe und Weisheit dar. Sie ist die Farbe der Spiritualität.

- Violett ist eine auffallende Farbe, die viel Widerspruch erzeugt und widersprüchlich interpretiert wird. Sie ist die Farbe, die von den meisten Menschen abgelehnt wird.

Goethe assoziierte Violett mit den »Schrecken eines Weltuntergangs« (61), und viele andere Maler und Farbforscher assoziieren mit Violett Trauer und Leiden (62). In der christlichen Kirche ist es die Farbe der Buße. Sie ist die Farbe der Zauberer, der Magier und der Mystiker, des Übersinnlichen.

Sie ist die Farbe der Frauenbewegung und steht dort für Veränderung, Andersseinwollen, aber auch für Einfühlung und Weiblichkeit.

- Menschen, die deutlich Violett bevorzugen, sind sensibel und fühlen sich anders als die Masse. Sie wollen dem Anderssein Ausdruck geben, es dokumentieren und dafür akzeptiert und bewundert werden.

Purpur ist ausgesprochen auffallend. Es assoziiert Trauer, Pomp, Zeremonie und Feierlichkeiten.

- Purpur ist eine schwere Farbe, und bei Menschen, die eine ganz starke Tendenz zu Purpur haben, d. h. fast ausschließlich Purpur tragen und sich mit Purpur umgeben, kann man davon ausgehen, daß sie überheblich sind. Diese Menschen sind extrem individualistisch bis exzentrisch. Sie sind sehr anspruchsvoll, witzig und auch sensibel, haben aber ein ganz starkes Bedürfnis, »anders« zu sein. Sie sind in der Regel extrovertiert, aber auch überempfindlich und überspannt, launisch und unberechenbar. Sie sind mehr an der Kultur als an der Menschheit interessiert und haben oft hochtrabende Ideen vom und über das Leben. Ihre gute Seite ist, daß sie unkonventionell und tolerant sind. Sie halten sich für würdig und halten es deshalb für selbstverständlich, eine bessere Position einzunehmen. Diese Menschen haben eine snobistische und elitäre Tendenz.

Bopst sieht in der Farbe Purpur den Samenkern aller Impulse des Lebens: die Farbe der sich öffnenden Blüte, der erste Anbruch der Morgenröte und die letzten Strahlen der untergehenden Sonne. Nach seiner Auffassung kann diese Farbe den Menschen in Ekstase versetzen, die aber schnell von einer folgenden Phase der Irritation abgelöst wird und dann in Depression umschlägt. Er zitiert die Analogie mit einem einzigen Ton, der einem gefällt. So schön dieser einzelne Ton auch immer klingt, er kann nicht auf Dauer allein angehört werden.

Braun ist die Farbe für solide und starke Menschen, für die Arbeiter dieser Welt mit Durchhaltevermögen und Geduld. Sie sind normalerweise sehr gewissenhaft, pflichtbewußt, zuverlässig, beständig und vorsichtig, konservativ. Sie mögen etwas langsam in ihrer Auffassungsgabe und ihren Handlungen sein, erreichen aber am Ende doch, was sie wollen.

Die braunen Menschen sind nicht spontan, sie sind eher etwas unartikuliert, lieben aber Verantwortung, und man kann sich auf sie verlassen. Sie übernehmen Arbeiten, die andere nicht tun wollen, lehnen Drückeberger ab, sie sind bodenständige Menschen und gehen vorsichtig mit ihrem Geld um. Sie halten an ihren Gewohnheiten und Überzeugungen fest und mögen keine Veränderungen.

Die Probleme der braunen Menschen sind ihre geringe Beweglichkeit und ihre Unfähigkeit, sich schnell anzupassen.

- Menschen, die helles Braun bevorzugen, sind in der Regel eher scheu, aber warmherzig, sie wollen gebraucht werden, und als Ergebnis helfen sie immer wieder den Unterprivilegierten. Menschen, die nur Braun bevorzugen, übertreiben die negativen Seiten dieser Farbe: Sie sind zu schwerfällig, zu inaktiv und träge. Sie sind wenig individuell, passen sich sehr an und wollen auf keinen Fall auffallen. Braun ist häufig die Lieblingsfarbe von Menschen mit Pankreasbeschwerden und Depressionen.

Braun erscheint in der Kleidung der Franziskaner als Farbe der Askese, der Buße, des Leidens, der Unterordnung.

Braun wird außerdem von den Pfadfindern getragen und von den Mitgliedern der SA im Dritten Reich.

Grau in der Aura ist immer ein Zeichen von vorhandener Krankheit. Menschen, die viel Grau tragen, sind oft diejenigen, die zu Be- und Verurteilungen neigen.

Grau ist die Farbe der Vorsicht und des Kompromisses, eine Balance zwischen den Extremen von Schwarz und Weiß. Diese Menschen suchen äußere Gelassenheit und Frieden, ohne sich um die inneren Quellen von Energie zu kümmern. Die Menschen, die Grau bevorzugen, lehnen Aufregung und Anregung ab. Es handelt sich oft um solche Menschen, die hart arbeiten, ohne Belohnung oder Anerkennung zu erwarten. Diese Farbe wird oft von älteren Menschen bevorzugt, die ein ruhiges Leben führen wollen, ohne weitere Aufs und Abs. Wenn diese Menschen ständig von jüngeren Menschen gefordert werden, flüchten sie dann in einen Rückzug und unterdrücken lieber alle eventuellen Tendenzen zu neuen Dingen, die aufkommen könnten; sie unterdrücken lieber ihre eigene Persönlichkeit noch mehr, als sich dem Leben zu stellen. Menschen, die Grau bevorzugen, sind oft sehr gute Geschäftsleute und haben eine Tendenz, sich zu überarbeiten (workaholics).

Grau in der Aura ist ein Zeichen von Indifferenz und Sich-nicht-verändern-Wollen; Lebendigkeit wird abgelehnt. Im Aura-reading ist Grau die schwierigste Farbe.

Silber ist eine anpassungsfähige Farbe. Sie kann mit vielen Farben kombiniert werden. Sie ist eine Farbe, die Lethargie bekämpft, und wird in der Homöopathie mit Perle, Mond und Weiblichkeit in Verbindung gebracht. Im Volksmund ist Reden Silber, Schweigen Gold.

Gold ist die Farbe der universellen Liebe, während Rot die Farbe der persönlichen Liebe ist.

Gold ist im Volksmund die Farbe des vollkommenen Edelseins und wird mit Schweigen in Verbindung gebracht. Derjenige, der zur rechten Zeit schweigen kann, ist der wahre Meister.

In den Märchen bestehen die größten Schätze immer aus Gold. Gold steht hier für das Größte, das Ideale an sich.

Schwarz ist die Farbe des Geheimnisvollen, des Unerklärlichen.

Diese Farbe wird von Menschen getragen, die den Eindruck einer kultivierten und interessanten Person vermitteln wollen. Diese Menschen wollen beeindrucken, aber nicht mit dem »Schau«-Effekt derjenigen, die Purpur bevorzugen.

- Wenn jemand fast ausschließlich Schwarz trägt, bedeutet das, daß innere Wünsche und weltliche Bedürfnisse unterdrückt werden. Es weist darauf hin, das dieser Mensch versteckte seelische Tiefen und unterdrückte, heimliche tiefere Bedürfnisse hat. Diese Farbe wird viel von Frauen in von Männern beherrschten Ländern getragen. Sie dient ihnen zum Schutz.

Im Volksmund kann man sich schwarz ärgern. Schwarz ist in einigen Ländern das Zeichen der Trauer. Mönche und Nonnen tragen Schwarz als Zeichen der Askese. Die SS trug im Dritten Reich Schwarz. Man »schwärzt jemanden an«, man betreibt Schwarzhandel. Wir haben das schwarze Schaf und den schwarzen Peter, die nie etwas recht machen können. Wir kennen die schwarze Magie und schwarze Messen sowie die schwarze Seele, die mit dem Teufel im Verbund stehen. Im Volksmund wird Schwarz in der Regel als Zeichen für Mißbrauch verwendet.

Ursachen von Krankheiten und Neurosen

Krankheit ist Negativität, die sich in Körper oder Geist als sichtbare Störung des Systems widerspiegelt, also eine verfestigte Form von Negativität.

Krankheiten werden in unserer Gesellschaft als etwas Negatives angesehen, etwas, das es zu beseitigen gilt. Krankheit wird schon fast als Versagen angesehen, da man nicht mehr voll leistungsfähig ist. (Gesunder Geist, gesunder Körper: Griechenland.) Deshalb wird jede Krankheit sofort mit irgendeinem Mittel bekämpft. Manche Krankheiten unterliegen einem Tabu, und viele Menschen haben Angst, über sie zu reden. Kranksein wird immer mit Schwachsein gleichgesetzt, es wird Rücksicht auf den Kranken genommen. Dagegen wird ein schwacher Mensch, der nicht krank ist, genau entgegengesetzt behandelt: Er erhält weniger Aufmerksamkeit und wird oft abgelehnt oder sogar verachtet.

Im Sinne einer ganzheitlichen Medizin bedeutet das jedoch, daß wir einen Teil des Ganzen unterdrücken. Wir unterdrücken damit die natürliche Entwicklung, die wir z. B. in der Natur überall vorfinden. Alles befindet sich in einem ständigen Wechsel: vom Frühling zum Sommer, Herbst und Winter; vom Baby zum Jugendlichen, zum Erwachsenen und alten Menschen. Das Ganze stellt einen natürlichen Wandel dar. Alles wird von diesem Wandel beeinflußt und unterliegt selbst Wandlungen. Diese Wandlungen sind Anpassungsvorgänge und können nicht ohne Veränderungen stattfinden. Bei den Chinesen gibt es einen Spruch, der sagt: »Eine Blume kann nicht hundert Tage unentwegt blühen.« Im menschlichen Leben lösen Veränderungen nur allzu oft innere Krisen aus, die sich dann in äußeren Krisen und Krankheiten widerspiegeln können.

Krankheit gehört zu Gesundheit wie der Tod zum Leben. Das Positive ist ohne das Negative nicht wahrzunehmen. Es handelt sich jeweils um zwei Hälften eines Ganzen.
Krankheit ist Ausdruck des nicht ausgelebten Teils der unterdrückten Schattenseite eines Menschen.

»Dem Menschen wird so lange eine Täuschung nach der anderen entzogen, bis er die Wahrheit ertragen kann. So wird derjenige, der es wagt und erträgt, Krankheit, Siechtum und Tod als unvermeidbare und treue Begleiter seines Daseins zu erkennen, bald erleben, daß diese Erkenntnis keineswegs in der Hoffnungslosigkeit endet, vielmehr wird er in ihnen hilfreiche und weise Freunde entdecken, die ihm ständig helfen, seinen wahren und heilsamen Weg zu finden.« (Thorwald Dethlefsen, 63)

In seinem Buch »Krankheit als Krise und Chance« stellt Edgar Heim fest, daß ein Erwachsener in fünfundzwanzig Jahren seines Lebens durchschnittlich eine lebensbedrohliche, zwanzig ernsthafte und etwa zweihundert mittelschwere Krankheiten durchmacht.

- Wenn wir durch Krankheit in unserer Bewegungs- und Ausdrucksfreiheit behindert sind, hat das wesentliche Auswirkungen nicht nur auf unser physisches, sondern auch auf unser emotionales und seelisches Wohlbefinden, was dann wieder unser physisches Wohlbefinden negativ beeinflußt. Schmerzen, Ärger, Unausgeglichenheit und Unzufriedenheit mit unserer Situation beeinflussen nicht nur unser Gemüt, sondern auch in Wechselwirkung den gesamten Körper, so daß als Folge unserer veränderten emotionalen Stimmung Krankheit und Schmerzen sich verschlimmern können. Dieser Effekt zeigt sich besonders bei langanhaltenden oder chronischen Gesundheitsproblemen.

Die Feldenkrais-Methode z. B., wie auch die Alexander-Technik, ist eine Lehre, die uns zeigt, wie wir sowohl unser physisches als auch geistiges Bewußtsein erweitern und damit auch unser inneres Lebenspotential vergrößern können. Das menschliche Gehirn ist bei weitem noch nicht in voller Kapazität ausgenutzt. Es ist wirklich zu erstaunlichen physischen und emotionalen Lernprozessen fähig. Durch diese Lernprozesse können sowohl das körperliche und emotionale Wohlbefinden erheblich verbessert als auch das Selbstbewußtsein gestärkt werden. Jemand, der sich dieser Lernprozesse bewußt wird, ist in der Lage, seine Handlungen auf sich ändernde Umstände einzustellen.

- Die Prozesse im Körper sind von uns nicht unmittelbar beeinflußbar, sondern nur indirekt über das, was wir essen und trinken und sonst noch so zu uns nehmen (Rauchen, Drogen), aber auch durch unsere Gefühle und Gedanken.

Die Kontraktion der Muskeln ist eine Folge der Stimulierung (Reizung, Anregung) der Bewegungsnerven: Sie bewegen sich entweder, weil wir etwas bewußt wollen (gehen, laufen, sitzen, stehen usw.), oder weil sie auf etwas reagieren (Hitze, Kälte, Reibung, Verletzung etc.) (64). Die motorische Reizung verursacht chemische Veränderungen in den Muskeln. Die chemischen Veränderungen sind u. a. der Abbau von Glukose und Glykogen (tierische Stärke) und Fett, was dann die Energie für die Bewegung der Muskeln freisetzt. Während der chemischen Prozesse, die den Muskelbewegungen zugrunde liegen, werden von den Muskeln Abfallprodukte abgegeben, die vom Blut transportiert und von den Organen abgebaut und ausgeschieden werden (65). Wenn jedoch zu irgendeiner Zeit während der muskulösen Aktivität zu viele Abfallprodukte ausgeschieden werden, die von Lymph- und Blutsystem und den Organen nicht vollständig abgebaut werden können, lagern sich diese Abfallprodukte im Muskelgewebe ab und verursachen ein Gefühl der Unbeweglichkeit und Steifheit und können zur Erkrankung nicht nur der Muskeln, sondern des gesamten Bewegungsapparates führen.

Veränderungen in alltäglichen Bewegungsgewohnheiten lösen auch Veränderungen im Gehirn aus. Wie oben beschrieben, wird die Muskeltätigkeit durch Stimulierung der Bewegungsnerven ausgelöst. Der menschliche Körper hat ca. fünfzehn Milliarden Nervenzellen (oder Neuronen), die untereinander mit der noch einmal etwa zehntausendfachen Zahl von Querverbindungen zu einem komplizierten Netz verfasert sind. Diese fünfzehn Milliarden Neuronen stehen, abgesehen von dem sie verbindenden Fasernetz, auch noch über einen unbekannten Code miteinander in einer Art Resonanz (66).

Die Synapsen sind Kontaktstellen zwischen Nervenfortsätzen, die nicht fest miteinander verbunden sind, sondern erst auf bestimmte Signale einen Kontakt herstellen oder unterbrechen. Der Spalt zwischen den Neuronen ist nicht größer als etwa der hunderttausendste Teil eines Millimeters (100–200 Angström). Die Enden der Synapsen sind knopfartig.

Abb. 5 zeigt, wie die Synapsen funktionieren: Eine über den Faseranfang (Axon) kommende Erregung läßt synaptische Bläschen zur Membran wandern und bringt sie zum Platzen. Der in den Spalt zwischen Synapse und Nachbarzelle ausgeschüttete Transmitterstoff (T) stellt die Verbindung her und macht die Membran der Nachbarzelle durchlässiger. Dadurch werden die Ionenverschiebungen und elektrische Impulse in der Nachbarzelle ausgelöst. (Ionen sind geladene elektrische Teilchen.)

Die Aufgabe der Synapsen ist erstens also die Signalübermittlung, und zweitens übernehmen sie im Gehirn teilweise die Informationsspeicherung. In ihnen sind Erkennungsmoleküle abgelagert, die darüber entscheiden, ob die Synapse auf »An« schaltet oder nicht. Etwa fünfhundert Billionen solcher Schaltstellen oder Synapsen regeln den gesamten Informationsfluß im Gehirn.

Nicht nur Empfindungen lösen Impulse im Gehirn aus, sondern auch Gefühle und Gedanken. Die Mikroneurologen haben herausgefunden, daß es erregende und hemmende Synapsen gibt.

Wie wir schon angeführt haben, führen Ärger, Frustration, Kummer und Sorgen zur Anspannung der Nerven und dadurch – wie gesehen – auch zur Anspannung der Muskeln. Freude, Zufriedenheit, Begeisterung, Neugierde, Interesse und Sich-wohl-Fühlen haben dagegen eine entspannende Wirkung auf die Nerven und dadurch wiederum auch auf die Muskeln. Bei Streß wird die normale Funktion der Synapsen gestört, da die bei Streß ausgeschütteten Hormone Adrenalin und Noradrenalin Gegenspieler der Transmitter sind, also die Substanzen beeinflussen, die im Gehirn für die Weiterleitung ankommender Informationen sorgen. Wenn der Hormongehalt im Gehirn ansteigt, werden viele Impulse nicht weitergeleitet, was sich in der Praxis als Blokkade auswirkt. Solche Blockaden treten z. B. in Prüfungen auf oder in einer Panik, oder wenn uns auf Biegen und Brechen etwas Bestimmtes nicht einfallen will.

Dieselben Blockaden entwickeln sich, wenn bestimmte Bewegungen immer wieder Anspannung oder Schmerz hervorrufen (67). Der hierbei weitergegebene Impuls heißt »Streß« und wird von den Synapsen nicht unbedingt weitergeleitet. Körper und Gehirn weichen solchen unangenehmen Erfahrungen aus, und man verfällt in Bewegungs-

Abbildung 5

muster, die keine unangenehmen Gefühle hervorrufen, selbst wenn sie der Beweglichkeit des Körpers abträglich sind.

Wenn man nun ständig diese »bequemen« Bewegungsmuster des Körpers wiederholt, verfestigt sich nicht nur das Muskelgewebe, sondern es werden darüber hinaus die entsprechenden Bewegungsnerven im Gehirn weniger beweglich, und die Synapsen geben bestimmte Impulse nicht mehr weiter.

Je verfestigter eine Struktur ist, desto schwieriger wird es, sie zu ändern. Je angespannter, verspannter und damit blockierter also Gehirnzellen und der Körper aufgrund von negativen emotionalen und geistigen Grundhaltungen sind, desto schwieriger ist es, Blockaden abzubauen.

- Aber nicht nur physisch unangenehme oder schmerzauslösende Bewegungen verursachen Streß-Impulse im Gehirn. Dasselbe gilt auch für unangenehme bzw. schmerzauslösende Gefühle und Erfahrungen der Seele. Die Abwehrmechanismen, um Erfahrungen und Gefühle nicht wiederholt erleben zu müssen, nennen wir psychische Störungen, Neurose oder Psychose, je nach Schweregrad der Abwehr.

In der Aura zeigen sich Blockaden als dunkle, schwarze oder auch graue Stellen, wobei man mit dunklen Stellen im Heilungsprozeß leichter arbeiten kann als mit grauen Stellen. Während meiner vieljährigen Erfahrung in der Farbtherapie, in Aura-readings und auch in Meditationsklassen hat sich immer wieder gezeigt, daß Grau die Farbe ist, mit der man am schwierigsten arbeiten kann und die auch am schwierigsten zu behandeln ist. Ihre Schwingungen sind indifferent und diffus und weichen immer wieder aus.

So wie klassische Ärzte entsprechend ihrer Ausbildung, ihrer Spezialisierung, Erfahrung und Persönlichkeit individuell diagnostizieren und verschreiben, genauso nehmen Farbtherapeuten die Krankheiten ihrer Patienten wahr: entsprechend ihrer Ausbildung, Spezialisierung, Erfahrung und Persönlichkeit.

Krankheiten entwickeln sich nicht über Nacht, sondern unterliegen einem Entwicklungsprozeß:

- Wir haben zunächst die Schwingungen der Seele, die sich in emotionalen Bedürfnissen niederschlagen; in Gedanken, Wünschen, Hoffnungen, Phantasien, Träumen;
- an zweiter Stelle stehen die funktionalen Störungen wie Kopfschmerzen, Unwohlsein, Gereiztsein, Ärger, länger andauernde Müdigkeit usw;
- die nächste Stufe sind akute körperliche Erkrankungen,

wie z. B. Entzündungen, Infektionen, Verletzungen, kleine Unfälle;

- auf der nächsten tiefergreifenden Stufe haben wir chronische Erkrankungen, dazu gehören Alkoholismus, Drogenabhängigkeit, aber auch leichtere chronische Erkrankungen wie Heuschnupfen;
- unheilbare Prozesse, Organveränderungen, Krebs, Aids;
- Tod durch Krankheit oder Unfall;
- angeborene Mißbildungen und Krankheiten (Karma) (68).

Wir haben auf jeder Stufe die Möglichkeit, diesen Prozeß zu verändern, positiv zu beeinflußen. Das gilt auch für die drei letztgenannten Stufen: unheilbare Prozesse, Tod und angeborene Mißbildungen.

Der russische Jude Meir Schneider z. B. wurde blind geboren und hatte mehrere Augenoperationen hinter sich, als er im Alter von 18 Jahren nach der Auswanderung seiner Familie nach Israel auf jemanden traf, der mit der Methode des amerikanischen Arztes Bates (69) arbeitet und ihn davon überzeugte, daß *er sich* heilen könnte. Meir Schneider arbeitete jahrelang hart mit sich selber. Er kann heute sehen, trägt keine Brille und hat einen Führerschein. Schneider wanderte nach Amerika aus und leitet in San Francisco ein Institut, in dem er Menschen mit schweren chronischen Erkrankungen erfolgreich behandelt, d. h. ihnen hilft, sich ihr Unbewußtes bewußt zu machen, ihnen Methoden der Heilung zeigt und sie behandelt.

Schneiders Erfahrung deckt sich mit meiner: Es kann grundsätzlich jede Krankheit mit Ausnahme bestimmter karmischen Erkrankungen, bei denen der Lernprozeß in der Krankheit liegt, erfolgreich behandelt werden; aber letztendlich *nicht* vom behandelnden Arzt oder Heiler, sondern von dem Patienten selbst.

Medikamente, Homöopathie, Heilen sind Hilfsmittel, dem Patienten auf der tiefsten Ebene das Vertrauen zu sich selbst zu geben, seine eigenen Schattenseiten zu akzeptieren und zu verändern. Andernfalls sind alle kurzfristigen Heilerfolge eben nur kurzfristig, und es treten entweder andere Krankheiten auf oder die alte bricht wieder aus. Ohne das eigene bewußte oder unbewußte Vertrauen zu sich selbst gibt es keine Heilung.

Mit den Arbeiten von Sigmund Freud über den Zusammenhang von Krankheit und Neurose wurde uraltes Wissen wissenschaftlich aufgearbeitet und im Laufe vieler Jahrzehnte in den westlichen Ländern bekannt und anerkannt. In der fernöstlichen Heilkunde, in der chinesischen, japanischen und tibetischen, hat sich das Wissen um die Zusammenhänge von Krankheiten, Neurosen und nicht ausgelebten Konflikten über die Jahrhunderte erhalten. Das Yin-Yang-Prinzip hilft z. B., Bewegungsabläufe, Funktionen und Organstrukturen des menschlichen Organismus zu erfassen (70), während die moderne westliche Medizin den menschlichen Körper in seine Einzelteile zerlegt, d. h. als »Ware« versteht, und dementsprechend wird der Körper auch von Ärzten behandelt. Krankheiten werden mit chemischen, nicht natürlichen Medikamenten behandelt, die als Nebenwirkung wieder Krankheiten auslösen können (71). Die Ärzte greifen schnell zum Messer und schneiden störende, »schlechte« Teile des Körpers heraus, ohne Gedanken, Gefühle und Organe im Gesamtzusammenhang zu sehen oder zu verstehen.

Fühlen ist ein Gesamtprozeß im Organismus. Wenn der körperliche oder seelische Schmerz zu groß wird und vom einzelnen nicht mehr ertragen werden kann, versucht der Organismus, sich vor der Unerträglichkeit der Schmerzen zu schützen und sie zu verdrängen. Das Gefühl des Schmerzes verschwindet nicht einfach, er löst sich nicht einfach auf, sondern lebt in anderer Form in uns weiter. Gedanken und Gefühle sind ebenso Materie wie jegliche andere Materie, und nichts geht davon verloren. Wir können z. B. bei Wasser, das beim Kochen verdampft oder wenn es friert und zu Eis wird, nur die Form der Materie verändern. Genauso können wir Gefühle von Schmerz verändern, aber nur dann, wenn wir sie verstehen und akzeptieren lernen.

Jede Verdrängung von Gedanken und Gefühlen löst langfristig körperliche Symptome aus. Der Körper zeigt uns unsere Schattenseiten, d. h. das, was wir beiseitegeschoben haben.

Bei Neurosen spiegeln sich diese ungelösten Konflikte und nicht ausgelebten Schmerzen in Denkstrukturen, Empfinden und Verhalten wider und können z. B. in einer psychotherapeutischen Behandlung aufgearbeitet werden. Viele psychotherapeutischen Schulen gehen von der Annahme aus, daß das nochmalige Durchleben solcher Schmerzen und unterdrückten Gefühle zu einer Befreiung, d. h. zum Loslassen von neurotischen Symptomen, führen kann.

Viele alternative Methoden basieren ebenso auf diesem Prinzip. Durch Visualisationstechniken (Transpersonale Psychologie, Psychosynthese) und Atemtechniken (Kropf-Atem-Therapie, Rebirthing) wird man in verdrängte Gefühlszustände zurückgeführt und kann diese dann freisetzen.

Neurosen sind Abwehrmechanismen, die uns vor wiederholten seelischen Schmerzen bewahren sollen. Sie sind ein System von Verhaltens- und Erwartungsmustern. Wir richten unser Verhalten in der Regel unbewußt so aus, daß wir schmerzliche Gefühle, z. B. sich ungeliebt fühlen oder Einsamkeit, nicht zu spüren brauchen. Eine Auflösung der Neurose verlangt die Auflösung dieser Verhaltens- und Erwartungsmuster, da das neurotische System ständig irreale Vorstellungen, Wahrnehmungen, Überzeugungen, aber auch Erkenntnisse produziert – und das sowohl in geistiger als auch in körperlicher Hinsicht.

Henry Tietze, der als Psychologe ebenfalls mit Visualisationstechniken in München arbeitet, beschreibt das neurotische System als »buchstäblich ein überladenes, zusätzliches biochemisches System« (72). Dieses System muß vom Betroffenen verstanden werden, damit er sich Stück für Stück von diesen irrealen Mustern lösen kann, damit er dieses Abwehrsystem sukzessive loslassen kann. Wenn dies nicht vom Therapeuten und vom Betroffenen verstanden wird, bleibt die Heilung immer nur bruchstückhaft. Im Symptom drückt sich aus, was dem Menschen im Bewußtsein fehlt, was er nicht zulassen kann.

Dieses Prinzip gilt nicht nur für psychosomatische Störungen, Neurosen, Psychosen und Krankheiten, sondern auch für Abläufe in sozialen Gruppierungen. Eigene Unfähigkeiten werden auf außenstehende Sündenböcke projiziert. Das geschieht sowohl mit dem einzelnen als auch innerhalb von gesellschaftlichen Gruppen.

Dieser zwiespältige Zustand, das Verdrängen der eigenen inneren Problematik und das Projizieren dieser Problematik auf das Äußere, wird, da es in der Regel unbewußt geschieht, von den Menschen nicht wahrgenommen. »Bestimmte Bezirke des äußeren und des inneren Lebens werden gleichsam in getrennten Schubladen aufgehoben und nie zusammengebracht« (73).

Das Aufheben dieses Zwiespalts, dieser Widersprüche und Polaritäten kann, wie schon gesagt, nur dann stattfinden, wenn man sich zunächst der Widersprüche und dann der Ursachen, die sie hervorgerufen haben, bewußt wird. Auch dieser Auflösungsprozeß geht nicht ohne Schmerzen vonstatten. Der betroffene Mensch muß den Mut, den Willen und die Erkenntnis haben, daß die Auflösung ihm letztendlich trotz eines eventuellen schwierigen und schmerzlichen Weges helfen wird (74).

Die Farbtherapie ist nicht nur eine Methode, Krankheiten des Körpers zu behandeln, sondern sie hilft ebenfalls, verdrängte Konflikte und Probleme bewußt zu machen. Wir lernen, mit ihnen umzugehen, uns selbst besser kennenzulernen und vor allem, uns selbst zu helfen. Wir lernen, unsere eigenen inneren Heilungsfähigkeiten zu entwickeln, sie zu fördern und auszubauen. Damit entwickeln wir zugleich ein Gefühl und die Erfahrung der inneren Autonomie, der inneren Unabhängigkeit, der inneren Ganzheit.

Die folgenden Kapitel beschäftigen sich mit dem Zusammenhang von Gedanken, Gefühlen, Entspannung, Anspannung, Negativität, Krankheit und Farben sowie mit der Behandlung bestimmter Krankheiten und Gefühlszustände mit Farben.

Die Aura

Jedes Lebewesen ist von einem elektromagnetischen »Mantel« (Umfeld) umgeben (75), der von Esoterikern die Aura genannt wird.

Mit der Kirlian-Photographie können die Energiefelder dieses elektromagnetischen Mantels aufgenommen und photographisch wiedergegeben werden (76). Diese Methode wurde von dem russischen Ehepaar Semyon und Valentina Kirlian entwickelt (77).

Dieses Umfeld hat nicht nur jedes menschliche Lebewesen, sondern auch Tiere, Pflanzen und anorganische Materie, die im allgemeinen als tot bezeichnet wird, wie z. B. Steine, Edelsteine. Das Ehepaar Kirlian bewies, daß organische und anorganische Materie ein elektromagnetisches Umfeld aufweisen.

Eine photographische Platte wird zwischen das Objekt (z. B. Hände und Füße eines Menschen) und eine Elektrode gelegt. Die entwickelte Platte zeigt eine »Art Luminiszenz, die den Konturen der Fingerspitzen folgte«. Kirlian verfeinerte seine Methode der Photographie und beschrieb später »die phantastischste Szene, die wir je gesehen haben. Die Hand verwandelte sich in eine Entfaltung von Lichtern, Flackern, Funkeln und blitzenden Effekten in einer beständigen Bewegung leuchtender Farben. Einige Lichter schienen sich zu bewegen, andere dagegen pulsierten; Teile der Hand wiesen wolkige Flecken auf, doch das Ganze sah aus wie ein Feuerwerk, die physische Hand erschien dabei ganz undeutlich im Hintergrund«.

Die erlangte Information hängt vom photographierten Bereich und der benutzten Ausrüstung und auch von den charakteristischen Merkmalen und der Dauer des Hochfrequenzfeldes ab, das während der Aufnahme benutzt wird. Linke Hand und linker Fuß entsprechen der rechten Gehirnhälfte und geben den intuitiven Aspekt der Psyche wieder, während die rechte Hand und rechter Fuß der linken Gehirnhälfte entsprechen sowie dem logischen, denkenden Teil des Geistes.

Sowjetische und englische Forscher stellten später fest, daß, wenn sie von einem Blatt die Hälfte entfernten, in der Photographie trotzdem das ganze Blatt erschien. Die Energie, die von dem Blatt ausströmt, ist demzufolge nicht durch die »Amputation« beeinträchtigt. Das könnte eine Erklärung sein für ein Phänomen, welches oft bei Arm- und Beinamputationen auftaucht: Die Patienten, nun ohne Arm oder Bein, fühlen noch oft für eine lange Zeit nach der Amputation Schmerzen an dem nicht mehr vorhandenen Glied.

Dieses elektromagnetische Umfeld bei Menschen, Pflanzen und Tieren existiert auch bei der anorganischen Materie. Dr. Lyall Watson, ein weltweit bekannter Biologe, sprach in einem Vortrag, den er 1988 in London gehalten hat, davon, daß man bei Steinen jeden Morgen um eine bestimmte Zeit verstärkte elektromagnetische Energien mit entsprechenden Geräten messen konnte. Leider waren die Wissenschaftler, die diese Meßvorgänge durchführten, nicht in der Lage, die »Kommunikation« zwischen den Steinen zu entschlüsseln. Watson berichtete außerdem davon, daß von Biologen nachgewiesen wurde, daß bestimmte Bäume sich gegenseitig vor Angreifern (Rinde fressenden Käfern) warnten. Demzufolge haben nicht nur Menschen und Tiere ein Warn- und Kommunikationssystem, sondern auch Pflanzen. Wir haben zur Zeit leider noch keine weiteren Untersuchungsergebnisse vorliegen, wie andere Pflanzen sich gegenseitig warnen.

Ich will hier der Einfachheit halber auch von der Aura sprechen, da dieser Begriff am meisten angewandt wird. Hellsehern, Heilern, aber auch Wahrsagern stellen sich diese elektromagnetischen Wellen in Farben dar. Sie können von ihnen »gelesen« und verstanden werden. Es hängt von der Erfahrung und Qualität, aber auch von der Offenheit und Unbefangenheit dieser Personen gegenüber Neuem ab, wieviel sie von diesen Schwingungen wahrnehmen und interpretieren können.

Innerhalb des elektromagnetischen Feldes um den physischen Körper des Menschen werden von den meisten Fachleuten, die sich damit beschäftigen, verschiedene Ebenen unterschieden, die miteinander verbunden sind und sich gegenseitig beeinflussen (78).

Die verschiedenen Ebenen in der Aura, die sich ca. 10–30 Zentimeter um den physischen Körper ausdehnt, reflektieren:

- den physischen Bereich,
- den emotionalen Bereich,
- den geistigen oder mentalen Bereich,
- den spirituellen Bereich.

Die *physische Aura* ist die erste Ebene, welche sich direkt der Haut anschließt. Die meisten Heiler, die sich mit der Aura befassen, nehmen Krankheiten als eine Ausweitung der Aura wahr. Für mich stellen sich Störungen im physischen Wohlbefinden eher als Einengung der Aura (Zusammenzug) oder als besonders intensive Schwingungen dar. Meine Erfahrung hat gezeigt, daß es sich bei starken Schwingungen in der Aura um schmerzende Stellen handelt, während es bei einem Zusammenzug der Aura um Störungen geht, die nicht, noch nicht oder nicht mehr schmerzhaft sind. Die Bedeutung der verschiedenen Farben bezüglich der Störungen im physischen Körper wird im Kapitel »Farben und Krankheit« besprochen.

Die Gefühle und Gedanken des Menschen spiegeln sich in der Aura ebenso als Schwingungen und in Form von Farbe wider wie der physische Zustand. Es werden sieben Ebenen in der Aura unterschieden, die von den jeweiligen Autoren anders benannt werden können. Wir unterscheiden hier zwischen Gesundheits- und Gedanken-Aura, mit ihren insgesamt sieben Ebenen:

Gesundheits-Aura
1. Physische Aura
2. Etherische Aura
3. Vitale Aura

Gedanken-Aura
1. Astral Aura
2. Niedrige geistige Aura
3. Höhere geistige Aura
4. Spirituelle Aura (79)

Als *physische Aura* wird der Bereich bezeichnet, der uns tiefere Informationen über die Person gibt, Informationen über fundamentale Lebensauffassungen des Menschen, über tiefere Motivation für Handlungen und Aktionen.

In der *etherischen Aura* können wir sehen, ob die Grundmotivation eines Menschen z. B. Ärger, Enttäuschung, geringer Selbstwert oder Freude am Leben sind.

Die *vitale Aura* kann sich bis zu ca. 20 Zentimeter um den Körper herum ausdehnen und spiegelt unsere Vitalität wider.

Wie sich Gedanken, Wünsche und Gefühle in Farben niederschlagen

Unsere Wahrnehmung ist normalerweise auf drei Dimensionen begrenzt. Die vierte Dimension ist die Zeit, die wir eindimensional, von A nach B verlaufend, d. h., von der Vergangenheit zur Zukunft gehend, definiert haben. Wir nehmen die Dinge wahr, so wie sie uns erscheinen, d. h., wie wir gelernt haben, daß sie uns erscheinen, einschließlich der Zeit.

Wir erkennen z. B. die Farben mit den Augen. Es gibt aber sowohl in Rußland (80) als auch in England (81) Experimente, die beweisen, daß nicht nur Blinde, sondern auch sehende Menschen nach kurzer Trainingszeit Farben mit den Fingern, den Ellenbogen oder der Haut unterscheiden können.

Einem Lebewesen, welches nie einen Baum gesehen hat, wird es schwerfallen, sich die verschiedenen Dimensionen eines Baumes aufgrund eines Bildes von dem Baum vorstellen zu können. Auch in unseren Gemälden sind die Dinge nicht so dargestellt, wie sie sind, sondern wie sie dem Maler erscheinen. Eine Linie oder ein Winkel werden in Gemälden nicht akkurat wiedergegeben, wie folgendes Beispiel beweist: Wenn eine Straße durch das Bild führt, muß der Vordergrund wesentlich weiter dargestellt werden als der Hintergrund, damit es perspektivisch erscheint. In Wirklichkeit haben Vorder- und Hintergrund die gleichen Dimensionen. Die Fähigkeit, perspektivisch zu zeichnen, wurde entwickelt. Die Malerei an sich spiegelt den Stand des Bewußtseins nicht nur der jeweiligen Maler, sondern der Gesellschaft wider (82).

Wir haben heute dieselben Probleme, wenn wir uns die Ausdrucksformen von Gedanken, Wünschen und Gefühlen vorstellen wollen. Gedanken können zwar gemessen werden, wie es von den Japanern bewiesen worden ist. Wir haben jedoch in unserem Alltagsbewußtsein nicht die geringste Vorstellung von den Energien unserer Gedanken und Emotionen. Manche Heiler, die die Farben und Energieschwingungen in der Aura sehen können, haben einen Einblick gewonnen, wie sich Gedanken und Emotionen in Energien niederschlagen. Jeder Gedanke und jedes Gefühl ist Materie, die sich in Form, d. h. hier in elektromagnetischen Schwingungen, widerspiegelt (83). Man kann das mit dem Spielen einer Note auf einem Instrument vergleichen.

Jeder Gedanke und jedes Gefühl löst elektromagnetische Schwingungen aus, die man als Figur oder Farbe wahrnehmen kann. Die Art dieser Schwingungen hängt von dem Gedanken oder der Art der Emotion ab. »Schwere« Gefühle wie Haß, Angst, Ablehnung, Leiden, lang unterdrückter Ärger und Neid verkrampfen und verspannen sowohl den physischen als auch den feineren Körper der Aura. Diese negativen Gefühle werden in dunklen Farben sichtbar.

Die Vibrationen der Aura spiegeln wider, was wir essen, trinken, denken und fühlen. Schweres Essen und Trinken sowie starkes Rauchen zeigt sich in schweren Schwingungen der Aura, aber ebenso in Depressionen, Krankheiten und Süchten.

Andererseits: Wenn bestimmte Farbschwingungen in der Aura fehlen, kann man davon ausgehen, daß die betreffende Person in diesem Bereich ein Problem hat, welches mit der fehlenden Farbe in Verbindung steht. Fehlendes Gelb oder Gold weist z. B. immer auf eine bestehende depressive Stimmung oder gar vorliegende Depression hin; fehlendes Rot auf Probleme mit der Durchblutung und/oder der Lebenskraft; fehlendes Grün auf mangelnde Ausgeglichenheit im ganzen Körper.

Die Farbschwingungen in der Aura geben auch die Fähigkeiten und Möglichkeiten der Person wieder. Der holländisch-australische Priester Mario Schoenmaker ist ein Meister in der Kunst, diese Schwingungen zu lesen. In seinem Buch »The New Clairvoyant« (84) beschreibt er unzählige Sitzungen (readings), in denen er die Aura seiner Klienten malt und deutet. Seine Deutung der Farben basiert auf eigenen Erfahrungen, die er in vielen Tausenden solcher Sitzungen gemacht hat.

Spannungszustände, die Unfähigkeit zu entscheiden, Angst, Ärger und Traurigkeit spiegeln sich alle in den Schwingungen und Farben der Aura wider. Eine innere Leere – ein Zustand, der nach meinen Erfahrungen häufig vorkommt – zeigt sich in grauer Farbe; Ärger, Haß und starke Aggression in Rot; einseitige Intellektualität in Gelb. Entscheidend sind die Intensität der Farbe und ihre Klarheit. »Schmutzige« Farbtöne lassen immer auf negative Denkstrukturen schließen. Eine starke und tiefe Angst, die unter Kontrolle gehalten wird, zeigt sich in dunkelgrauen bis schwarzen Farben und starken Schwingungen; eine Angst, die ständig verdrängt wird, die es aber der Person unmöglich macht, Entscheidungen zu treffen, wird in grau-brauner Farbe und ganz schwachen Schwingungen deutlich. Alle Gefühle und Gedanken, die mit großer Energie unter Kontrolle gehalten werden, weisen neben der charakteristischen Farbe auch starke Schwingungen auf, während andere Gefühle und Gedanken, die so tief verdrängt wurden, daß man sich ihrer nicht bewußt ist, sich in schwächeren Schwingungen niederschlagen.

Durch das Bewußtmachen und Aussprechen von tieferliegenden Konflikten, Gefühlen und Gedanken verändern sich die Energiequalität und die Farben der Aura. Die Farben werden klarer, die Energiequalität wird stärker, und alte

Blockaden werden zwar nicht aufgehoben, aber verändern durch das Ans-Licht-Bringen ihre Qualität vollständig. Sie sind den Personen zugänglich, und es kann mit ihnen weiterhin bewußt gearbeitet werden; entweder allein, in der Psychotherapie oder eben mit der Farbtherapie.

Aber nicht nur in der Aura spiegeln sich unsere Gedanken und Emotionen wider, sondern sie erzeugen auch Vorgänge in unserem physischen Körper. Es besteht ein Zusammenhang zwischen unseren Gedanken, Gefühlen auf der einen Seite und dem Wechselspiel der Muskeln, Organe und Drüsen auf der anderen Seite (85).

Gedanken und Gefühle wie Unsicherheit, sich unterlegen fühlen, sich nicht attraktiv genug fühlen, sich ständig nicht für intelligent genug halten, sich Sorgen machen, ständig um etwas besorgt sein (und sei es »nur« um die äußere Erscheinung), ständiger nagender Ärger oder Enttäuschungen, grübeln, sich permanent unterfordert fühlen – all das sind negative Gedanken und Gefühle, die sich körperlich und in der Aura niederschlagen.

Sehr oft sind uns diese negativen Seiten unseres Wesens gar nicht bewußt. Je mehr uns aber bewußt oder unbewußt diese »negativen« Gedanken und Gefühle beeinflussen, desto stärker ist der Effekt zunächst in der Aura, und er wird sich dann auch physisch in Form von Leiden, Unpäßlichkeiten und Krankheiten niederschlagen. In der Aura können Krankheitsdispositionen gelesen werden. Eine meiner Klienten, die zu einer Sitzung (reading) kam (nicht zum Heilen), hatte eine Krebs-Disposition. Das ist immer sehr schwierig zu vermitteln. Ich fragte sie also, ob es in ihrer Familie eine Tendenz, an Krebs zu erkranken, gäbe. »Warum fragen Sie das?« war die völlig verblüffte Antwort. Dann Tränen. Meine Frage wurde damit beantwortet, daß ihre Mutter an Krebs gestorben sei, ihre jüngste Schwester vor einigen Monaten ebenfalls, und daß eine andere Schwester sich gerade im Krebs-Krankenhaus von Bristol befände.

Manchmal spiegeln sich auch in der Aura Gemüts- und Gedankenzustände von nahen Verwandten wider. In einem späteren reading der o. a. Klientin sah ich Selbstmordtendenzen bei ihrem Ehemann, aber auch in der Familie ihres Ehemannes. Ich fragte ganz behutsam, ob so etwas eventuell existieren könnte; wieder Tränen. Ja, der Vater des Ehemannes hatte sich vor vielen Jahren das Leben genommen und der einzige Bruder vor einigen Jahren; aber ihr Ehemann sei völlig frei von solchen Gedanken. Einige Monate später erhielt ich einen Anruf von dieser Klientin aus Bahrein, wo sie mit ihrem Mann hingezogen war. Sie teilte mir unter Tränen aufgelöst mit, daß ihr Mann an nichts mehr Interesse habe: mit der Folge von Impotenz, Kettenrauchen, Depressionen und völliger Vernachlässigung der eigenen Person.

Die Ausstrahlung der Aura und ihre Bedeutung für den Körper, die Gefühle, den Geist und die Seele des Menschen kann von Fachleuten gesehen und gedeutet werden. Wir alle leben unseren Alltag basierend auf nonverbalen Informationen, die wir aus unserer Umgebung erhalten. Unsere eigenen Handlungen richten sich wesentlich danach, wie angenehm oder unangenehm uns andere Personen sind, mit denen wir zu tun haben. Und fast immer entscheiden wir uns unserem Gefühl entsprechend, d. h. aufgrund von Informationen, die wir nonverbal wahrnehmen. Ganz besonders trifft das zu auf den Prozeß, den wir »romantische Liebe« nennen. Wir verlieben uns aus den verschiedensten Gründen und sehr oft gegen bessere Einsicht. Ein sehr hoher Prozentsatz vor allem geschiedener Frauen (Frauen sind in der Regel sehr intuitiv) sagt nach der Trennung, daß sie bestimmte Dinge, die letztendlich zur Trennung führten, von Anfang an gesehen hätten, sie aber nicht hätten wahrhaben wollen.

Die Attraktivität, die jemand auf uns ausübt, hat sehr viel mir unseren eigenen oft unbewußten Gedanken und Gefühlen zu tun. Wenn wir tief innen selbst unglücklich sind, ziehen wir auch ähnlich strukturierte Menschen an. Es ist eine alte Weisheit in der Ehe- und Familienberatung, daß die meisten Partner im anderen das suchen, was ihnen selbst fehlt. Diese beiden Aussagen widersprechen sich nur auf den ersten Blick. Wir suchen das Glück in der Beziehung mit anderen. Wenn wir selbst unsicher sind, suchen wir Sicherheit.

Psychiater und Ehe-Therapeuten haben viele Bücher über diese tieferen Zusammenhänge geschrieben (86). Wie kommen nun diese Verbindungen zustande? Die Esoteriker verweisen auf ungelöste Verbindungen aus früheren Leben (karmische Beziehungen), die im jetzigen Leben aufgearbeitet werden sollen, und daß sich diese ungelösten Energien gegenseitig anziehen. Der amerikanische Hellseher Edgar Cayce hat unzählige karmische readings in seinen Schriften festgehalten, ebenso weisen Mario Schoenmaker und Thorwald Dethlefsen, um nur einige zu nennen, auf diese Zusammenhänge hin (87).

Leben zeigt sich immer in Polaritäten: Wie Schwarz und Weiß, Positiv und Negativ, haben auch alle Farben ihre Komplementärfarben. Dasselbe gilt auch für Gefühle. Wenn z. B. das Verhältnis von Geben und Nehmen in der Psyche eines Menschen nicht ausgeglichen ist, wird die Wahl von Freunden und Partnern oft dementsprechend ausfallen; d. h. eine Person, die zuviel gibt, wird in der Regel von Personen umgeben sein, die zuviel nehmen, und sie wird von diesen ausgenutzt werden.

Das gilt für alle nicht ausgeglichenen polaren Gefühle. Man versucht, fehlende eigene Sicherheit auszugleichen, und entscheidet sich in der Regel für die häufig nur äußerliche Sicherheit im Partner.

In dem Augenblick, in dem man in sich selbst sicher und ausgeglichen ist, würde man diesen Partner nicht mehr »brauchen«, da einem dessen tatsächliche Unsicherheit sichtbar würde. Dieses Wissen wird von allen Psychiatern und Therapeuten bestätigt.

Das heißt, wir nehmen den anderen entsprechend unseres derzeitigen eigenen Bewußtseinsstandes wahr, haben aber oft eine Ahnung von tieferliegenden Problemen. Diese Wahrnehmung geschieht durch die nonverbale Kommunikation, d. h. durch die Schwingungen, die wir durch die Aura aussenden.

Niemand ist vollkommen; wir alle haben unsere Schwächen und Fehler. Die wichtigste Voraussetzung, um gravierende, schmerzhafte Fehler einzudämmen oder gar nicht erst zu machen, ist eben diese Erkenntnis über die eigenen Schwächen und Fehler. Ein Meister des Lebens ist derjenige, der in der Lage ist, seine eigenen Schwächen und Fehler zu sehen und – zu akzeptieren.

In der englischen Sprache wird davon geredet, daß die »chemistry« zwischen zwei Partnern stimmen muß, damit man sich verliebt. D. h. die elektromagnetischen Prozesse in der Aura sind wesentlich mit daran beteiligt, ob man sich vom anderen angezogen oder abgestoßen fühlt.

Streß, Unzufriedenheit, Spannungszustände usw. verändern die Aura, die Farben in der Aura sowie die elektromagnetischen Schwingungen; während Entspannungszustände, durch Meditationen, Hypnose und Akupunktur herbeigeführt, sich durch eine größere und leuchtendere Aura auszeichnen (88). Eine klarere und größere Aura bedeutet auch mehr Schutz. Negative Gefühle, die einem von anderen entgegengebracht werden, beeinflussen die eigenen Gedanken und Gefühle und müssen positiv verarbeitet werden. Geschieht das nicht, bleiben sie im eigenen System »hängen« und spiegeln sich dann auch als Negativität in der Aura wider. Wenn man sich ständig in einem Büro mit verärgerten und unzufriedenen Leuten befindet, beeinflußt diese Atmosphäre das eigene Wohlbefinden ganz erheblich und kann auch zu Krankheit führen. Wenn man die Kollegen nicht positiv beeinflussen kann, empfiehlt es sich wirklich, die Stelle zu wechseln.

Wenn man zu wenig gefordert ist, d. h. unterhalb seiner eigenen Fähigkeiten beschäftigt wird, bestimmt das auch die Gedanken und Gefühle und damit Aura und Gesundheit und kann Krankheiten auslösen.

Negativität und Farben – Ablehnung von Farben

Negativität ist die Ablehnung oder das Negieren einer positiven Einstellung zum Leben und damit verbundenen Erfahrungen. Es gibt Menschen, die auch in jeder unangenehmen Lebenssituation immer noch eine positive Seite sehen. Im Gegensatz dazu gibt es Menschen, die in allen positiven Lebensumständen etwas Negatives finden und letztendlich auch eine positive Situation negativ bestimmen (definieren). Diese Denkstruktur und das dazugehörige Verhalten drücken sich in Unzufriedenheit und Angst, aber auch in Aggressivität aus.

Solche Menschen mögen keine klaren Farben, sie bevorzugen Braun, Grau und andere dunkle Farben. Ablehnen und kritisieren von Lebenssituationen und Menschen ist in der Regel ein Abwehrmechanismus, um von sich selbst und der Unzufriedenheit mit sich selbst abzulenken. Die eigene innere negative Einstellung wird auf äußere Lebensumstände und wie man sie erfährt, wahrnimmt und interpretiert, übertragen.

Das wird nicht nur in den Farben der Aura deutlich, sondern auch in Art und Qualität ihrer Schwingungen. Menschen, die positiv und offen sich selbst, dem Leben und ihrer Umwelt gegenüberstehen, haben eine weiche Aura, während bei Menschen, die sich ständig vor irgend etwas schützen müssen und eine negative Ausstrahlung verbreiten, die Aura insgesamt härter ist. Ihre fundamentale negative Grundstruktur spiegelt sich außerdem in dunklen oder grauen Tönen in der Aura wider. Introvertierte, sehr auf sich bezogene Menschen mögen keine Farben.

Das Fehlen bestimmter Farben weist auf einen Mangel hin und läßt auf eine fehlende Balance innerhalb dieses Bereiches schließen. Menschen, die bestimmte Farben strikt ablehnen, fehlt eben genau das, was die Farbe repräsentiert:

- Starke *Ablehnung von Rot* läßt mangelnde Lebensfreude, Lebenskraft, Sexualität vermuten.
- Die *Ablehnung von Gelb* läßt darauf schließen, daß die Person entweder einen geringeren Intellekt hat oder Intellekt ablehnt, oder aber auch ein Mangel an Sonnenschein (Gelb ist die Farbe der Sonne, der Lebensspenderin auf der Erde), ein Mangel an Freude im Leben dieser Person besteht.
- *Ablehnung von Blau* läßt auf innere Unruhe sowie die Unfähigkeit zu tiefer Kommunikation schließen.

Abbildung 6

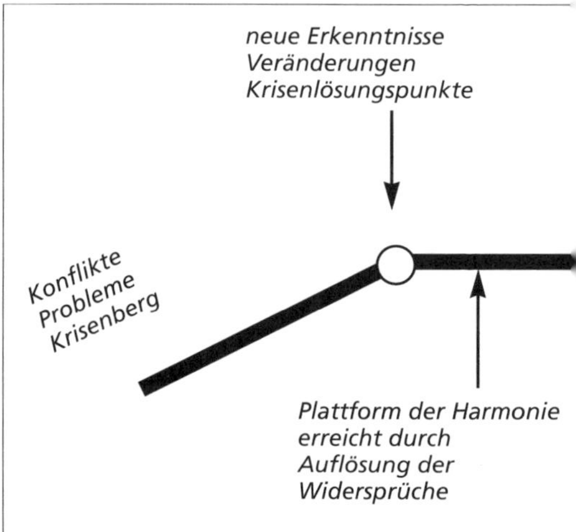

- Starke *Ablehnung von Grün* läßt fehlendes Naturverständnis und mangelnde Harmonie, d. h. innere Unausgeglichenheit vermuten.
- Die *Ablehnung von Indigo und Violett* läßt den Rückschluß auf mangelndes Interesse an spirituellen Inhalten zu.

Menschen, die schwermütig sind oder unter Depressionen leiden, bevorzugen Braun oder andere dunkle Farben. Menschen mit Entscheidungsproblemen in ihrem Leben bevorzugen Grau und Beige. Das gilt auch für sehr auf sich bezogene, egoistische Menschen.

Das Leben besteht aus Polaritäten, aus Schwarz und Weiß, Positiv und Negativ, aus Gesundheit und Krankheit, aus Krise und Harmonie zur gleichen Zeit. Damit wir das Positive erkennen können, muß es das Negative geben. Negatives und Positives gehören zum Ganzen. D. h., daß wir die negativen Gefühle nicht unterdrücken sollen, denn gerade das

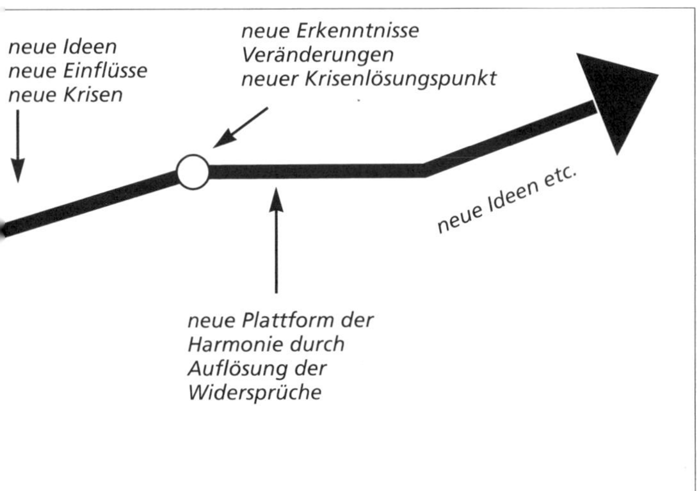

führt zur Krankheit. Der Feigling und der Draufgänger haben Angst. Sie lösen ihr Problem nur innerhalb der einen Seite der Polarität; der Feigling, indem er sich zurückzieht, und der Draufgänger, indem er unvorsichtig und rücksichtslos vorgeht.

Problemlosigkeit zeigt sich in der Mitte der Extreme. Ist das Thema in irgendeiner Weise betont, weist es auf einen problematischen und noch unerlösten Bezug hin (89). Der unerlöste Bezug kann aber nicht einfach eliminiert, d. h. weggeschoben oder unterdrückt werden.

Jede Form von Negativität sollte man sich anschauen und akzeptieren. Sie gibt einem Auskunft über sich selbst und Anreiz zur Veränderung

Leben heißt permanenter Wandel, ständige Veränderung, wir machen unterschiedliche Entwicklungsstufen durch, nichts ist im ständigen Gleichgewicht. Veränderung ist die Basis allen Lebens. Die Grafik (Abb. 6) zeigt uns den Prozeß unserer ständigen Entwicklung. Negativität entsteht und verfestigt sich dann, wenn man diesen ständigen Prozeß durch Angst, Zweifel, Mißtrauen, Ablehnung zum Stillstand bringt.

Beim Erreichen der Ebene der Harmonie hat sich eine neue »Form« gebildet. Wir haben uns verändert, und mit uns haben sich unser Körper, unser Geist und unsere Seele verändert, und deshalb sind wir physisch, geistig und emotional nicht mehr diejenigen, die wir vor dem Erreichen der Ebene der Harmonie waren.

Einer negativen Grundhaltung kann mit Farbenmeditationen begegnet werden (90), um sie langsam aufzulösen. Es empfiehlt sich aber fast immer zusätzlich eine Therapie, und zwar eine, die auch mit Farben arbeitet und Atemübungen einschließt.

Richtig atmen zu lernen, ist eine der Grundvoraussetzungen jeder Form von Therapie: zu lernen, den Körper als eine Einheit zu erfahren. Durch solche tiefen Atemübungen wird man sich auch tiefer liegender Gefühle bewußt und kann sie »nach oben« kommen lassen (91).

Der Grundsatz des Lebens heißt: Wie oben so unten, was im kleinen passiert, geschieht auch im großen. Das Universum befindet sich ebenso wie der Mensch in ständiger Entwicklung, und damit ist auch die Wahrheit keine objektive, sondern eine subjektive. So wie anorganische und organische Materie (Pflanzen, Tiere, Menschen) sich verändern und entwickeln, entwickelt sich auch das gesamte Universum weiter (92).

Farben in der Psychologie

In der Psychologie spielen Farben eine große Rolle. Psychologen haben Farbtests entwickelt, mit deren Hilfe man seine Persönlichkeit testen lassen kann. Farbtests werden als Eignungstests durchgeführt, als Persönlichkeitstests und als Einstellungstests für bestimmte Berufe. Der bekannteste ist der Lüscher Farbtest, der international Geltung erlangt hat. Die Person wählt aus acht vorgegebenen Farben zunächst die Lieblingsfarbe aus, dann die nächste bevorzugte Farbe, nun die Farbe, die an dritter Stelle steht usw., bis die Farbe, die am wenigsten gemocht wird, an letzter Stelle steht. Anhand dieser Anordnung schließen die Psychologen auf den Charakter des Patienten. Die acht von Dr. Max Lüscher ausgewählten Farben sind: reines Gelb, helles Rot, Blaugrün, Dunkelblau (Indigo), helles Violett, mittleres Braun, Schwarz und mittleres Grau (93).

Der Test bietet verschiedene Varianten, wie z. B. die Wahl der ersten beiden Lieblingsfarben und als dritte Wahl die am wenigsten beliebte Farbe. Der gesamte Test zeigt die Reaktion der Testperson auf bestehende Situationen und ihre Einstellung zu Lebenssituationen. Darüber hinaus zeigt der Test die konditionierten, d. h. durch Erziehung und Training eingeübten Verhaltens- und Denkstrukturen, die unbewußten emotionalen Strukturen, die Willenskraft des Menschen, seine Handlungen und Erwartungen an sich und das Leben sowie die tiefen Antriebe und Bedürfnisse. Lüscher weist den Farben damit eine außerordentliche Bedeutung zu, alles das, was den Menschen auf der geistig-mentalen sowie auf der emotional-psychologischen Bedeutung ausmacht, spiegelt sich in seinem Farbverständnis, d. h. in den Farbvorlieben und den Farbablehnungen wider.

In seinem Buch »Der 4-Farben-Mensch. Der Weg zum inneren Gleichgewicht« (94) stellt Dr. Lüscher einen neuen Farbselbsttest vor, mit dem man seinen eigenen unbewußten Bedürfnissen auf die Spur kommen kann. Der ausgeglichene 4-Farben-Mensch ist, so Lüscher, der normale Mensch, während der Nicht-4-Farben-Mensch der ist, der aus der Norm fällt und sein wahres Gesicht nicht zeigt. Die 4 von ihm gewählten Farben sind Blau, Grün, Rot und Gelb. Diese 4 Farben sind für ihn Sinnbilder (Archetypen) des Selbstgefühls, Denkens und Handelns:

> »Lebe ich rot wie Robinson, so daß ich mir genug Selbstvertrauen erwerbe;
> lebe ich blau wie Diogenes, so daß ich mich in der Selbstbescheidenheit zufrieden fühle;
> lebe ich grün wie ein Edelmann, so daß ich mich achten kann, weil ich zu meiner Überzeugung stehe;
> lebe ich gelb wie Hans im Glück, so daß ich mich innerlich frei fühle und mich bei neuen Möglichkeiten entfalten kann?«

Mit Test und Text will er auf die unbewußten Motive aufmerksam machen, sie an die Oberfläche holen und dem Menschen ermöglichen, sein wahres Gesicht zu zeigen und die negativen Seiten verschwinden zu lassen.

Beim Farbpyramidentest von Pfister – Heiss – Halder hat die Testperson 24 Farbplättchen vor sich liegen, die in eine vorgezeichnete Stufenpyramide eingeklebt werden sollen. Die Testperson wird zunächst eine »schöne« Pyramide fertigstellen, d. h. eine Pyramide, die ihr farblich gefällt, und anschließend eine »häßliche« Pyramide aus Farben, die ihr nicht gefallen (95). Aus der Zusammensetzung und Farbstruktur der beiden Pyramiden können dann die Farbpsychologen Schlüsse anhand einer mathematischen Formel über den Charakter der Testperson ziehen. Dieser Test wird bei Einstellungsverfahren, vorwiegend jedoch in psychiatrischen Krankenhäusern durchgeführt.

Eine weitere psychologische Farbtestreihe wurde von Dr. Heinrich Frieling, der das Münchner Institut für Farbenpsychologie gründete, entwickelt. Der Frieling-Test (96) arbeitet mit 23 Farben, die der Testperson in einer festgelegten Ordnung vorgelegt werden, und man fragt, wie die Farben gefallen. Dann belegt die Testperson vier Felder mit Farben, die sie für sich harmonisch hält. Daraus schließt der Fachmann auf die Persönlichkeit und den Charakter der Testperson. Dr. Frieling legt großen Wert auf die genau eingehaltene Abfolge seines Tests. Der Test wurde in vielen Ländern durchgeführt und hatte überraschende Ergebnisse: In der Schweiz ist die Farbvorliebe für Braun erheblich höher als etwa in Baden-Württemberg und noch höher als in Bayern und Nordrhein-Westfalen; in orientalischen Ländern wird Gelb negativer bewertet als in westlichen Ländern; in Holland wird Orange höher bewertet als in Deutschland. In England ist Rot eine Traditionsfarbe und wird dort stark bevorzugt; ebenso lieben die Italiener und die Schweden Rot; Grün wird dagegen in der Schweiz und in den USA bevorzugt; Blau wird im allgemeinen als eine ernste Farbe angesehen, Rot und Gelb hingegen eher als lustige; während die Holländer Blau weniger als ernste Farbe ansehen, in den USA wird Grün hingegen als ernste Farbe betrachtet; die Franzosen und Schweden sehen Grün mehr als eine kalte Farbe an, die Niederländer, Italiener und Nordamerikaner rechnen Grün jedoch eher zu den warmen Farben.

Farbtests als Charakter-, Persönlichkeits- und Einstellungstests haben sich seit dem Lüscher-Test 1948 in allen westlichen Ländern in verschiedenen gesellschaftlichen Bereichen wie in der Industrie, in der Medizin, in Schulen, bei Behörden und im therapeutischen Bereich durchgesetzt. Die Qualität der einzelnen Tests ist unterschiedlich und soll hier auch nicht beurteilt werden. Es ist schwierig, die Schlußfolgerungen des Pyramidentests nachzuvollziehen, da sie mit einer mathematischen Formel ausgerechnet werden.

Interessant ist bei diesen psychologischen Tests die Vielfältigkeit und Unterschiedlichkeit der Testverfahren, die aber im großen und ganzen statistisch, d. h. naturwissenschaftlich angegangen werden, obwohl Lüscher und Frieling sich auch intensiv mit der Aussagekraft von Farben beschäftigen, ohne in den Bereich der Esoterik vorzudringen.

Farben und Entspannung

Das Zusammenspiel zwischen Geist und Körper ist in den letzten Jahren besonders von westlichen Medizinern untersucht worden. Vor allem amerikanische Spezialisten der Immunmedizin haben sich der Auswirkungen des Geistes auf den Körper in vielen Studien angenommen und genau untersucht.

Der amerikanische Kardiologe Dr. Herbert Benson studierte in den 60er Jahren das Leben von Affen, um eine Verbindung zwischen dem Verhalten der Tiere und deren Blutdruck herauszufinden. Lehrer und Schüler der Transcendental Medicine (TM) hatten ihm berichtet, daß sie ihren Blutdruck zu jeder Zeit bewußt senken könnten. Der Kardiologe war an einer Untersuchung über Meditation nicht interessiert, es war für ihn zu unrealistisch. Er änderte aber später seine Meinung, als die TM-Anhänger auf ihrer Position bestanden und als das amerikanische Wissenschaftsmagazin »Science« einen Artikel von einem jungen Arzt, Dr. Keith Wallace, veröffentlichte. Dieser berichtete über die Absenkung des Blutdrucks während der Meditation und über eine Veränderung der Gehirnwellen in Alpha-Wellen.

Benson begann daraufhin, sich für Erfolge der Meditation zu interessieren. Er arbeitete später mit Dr. Wallace zusammen. Beide fanden heraus, daß die Techniken von Zen-Meditation sowie Yoga-Übungen, autogenes Training, »relaxation response« (Reaktion auf Entspannungsübungen), von dem Kardiologen Dr. Benson selbst entwickelt, zu demselben Resultat führten: Der Blutdruck senkte sich, und das Gehirn arbeitete in Alpha-Wellen.

Das Gehirn weist im EEG unterschiedliche Wellen auf (Alpha-, Beta-, Zwischen- und Deltawellen). Hierbei sind die Alpha-Wellen im Vergleich zu den normalen Gehirnwellen langsamer. Sie haben einen entspannenden Einfluß auf den gesamten Körper. Abb. 7 und 8 zeigen die Veränderung von Atmung und Herzschlag bei Personen, die meditieren, im Verhältnis zu nicht meditierenden Personen.

Ähnliche Veränderungen treten in Hypnose auf. Die Untersuchungen dieser beiden Ärzte unterstützen die Ergebnisse des Schweizer Nobelpreisträgers Dr. Walter Hess: Die verschiedenen Entspannungstechniken beeinflussen das Zwischenhirn (Hypothalamus), welches eine wichtige Rolle bezüglich des Einflusses des Nervensystems auf das Immunsystem hat. Obwohl die Untersuchungen und Ergebnisse

Abbildung 7

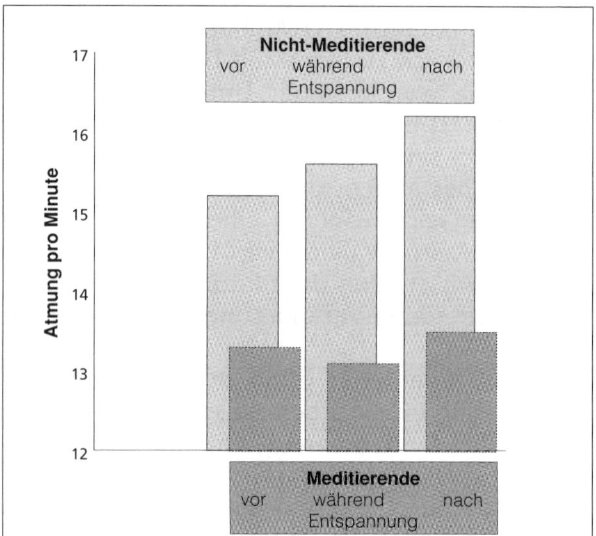

von Dr. Benson anfangs als wissenschaftliche Marotte abgetan wurden, gilt er heute als einer der Pioniere der Immunmedizin, besonders des Bereiches, der den Zusammenhang von Körper und Geist untersucht.

Die Immunologen arbeiten heute z. T. intensiv mit Hypnose, um bei Unfallopfern und besonders bei schweren Verbrennungen das Immunsystem des Patienten zu beeinflussen und damit einen schnelleren Heilungsprozeß zu erreichen. Die Erfolge sind z. T. außergewöhnlich. Universitätsprofessor Dr. D. Edwin, Professor für Chirurgie und Psychiatrie an der Tulane University in Amerika, hypnotisiert Unfallopfer und Patienten mit schweren Verbrennungen. Er versetzt die Patienten in Trance und suggeriert ihnen, daß sie sich kühl und wohl fühlen sollen.

Zur Überraschung der Ärzte erholen sich manche Patienten, die von den Ärzten aufgegeben waren, sehr schnell,

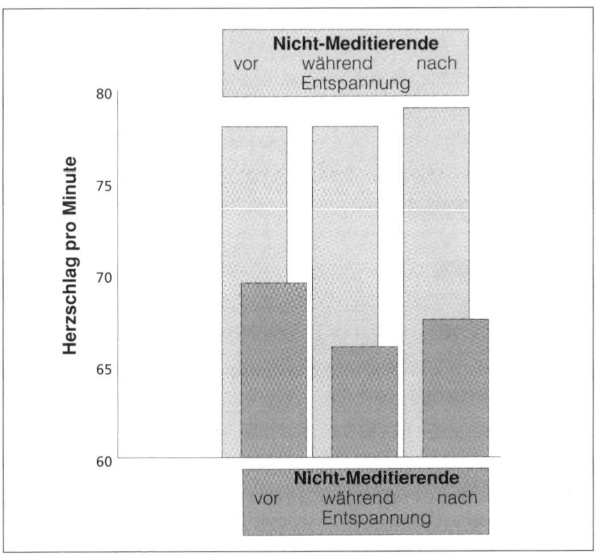

Abbildung 8

haben keine lebensgefährlichen Infektionen, sind nicht von Brandwunden entstellt und haben auch später keine Narben (97).

Dr. Joan Borysenko kommt in ihrem Buch »Minding the Body, Mending the Mind« durch ihre Erfahrungen als Ärztin von schwerkranken Aids- und Krebspatienten unter anderem zu der Erkenntnis, daß jede körperliche und seelische Aktivität sich in der Tätigkeit der Gehirnstromwellen niederschlägt und als unmittelbare Folge das Abwehrsystem und damit den ganzen Körper direkt beeinflußt (98).

Wir wissen bislang sehr wenig über den Effekt von regelmäßigen sportlichen Übungen, nur daß man sich danach gut fühlt und es Herzkrankheiten verhindert, den Alterungsprozeß verlangsamt und gewichtskontrollierend ist. Wöchentliche Übungen wirken Streß reduzierend. Der

Abbildung 9

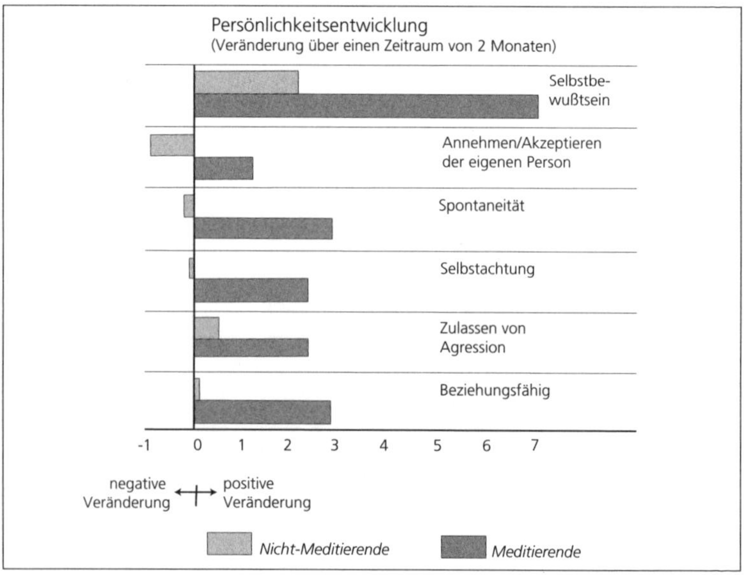

Sportmediziner Dr. Herbert DeVries stellte fest, daß die Muskelanspannung sich schon nach einem kurzen Spaziergang oder einer Fahrradtour (zwischen 5–10 Minuten) verringert und Angst reduzierend wirken kann, in demselben Maße wie ein leichtes Mittel gegen Depressionen.

Diese Erkenntnis ist besonders wichtig für die Wissenschaftler der Immunmedizin, die das Verhältnis zwischen Körper und Geist untersuchen, da schon leichte oder versteckte Depressionen das Immunsystem schwächen. Sport wird deshalb von den Ärzten als natürliches Anti-Depressions-Mittel angesehen. Die Untersuchungsergebnisse neuerdings auch von westlichen Ärzten zeigen, daß Meditation denselben entspannenden Effekt hat. Damit soll nicht gesagt werden, daß die Meditation sportliche Tätigkeiten ersetzen kann, sondern daß sie zusätzlich ausgeübt werden

Abbildung 10

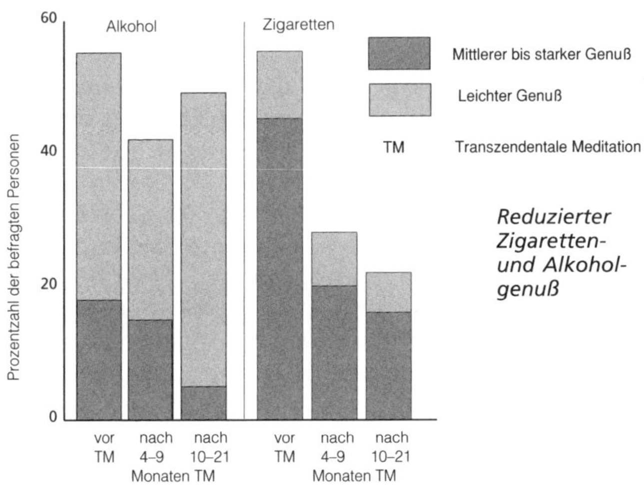

Reduzierter Zigaretten- und Alkoholgenuß

sollte, um eine weitere Reduzierung von Streß zu erzielen. Sport erhöht die Körpertemperatur bis zu 3 Grad, die Zahl der Abwehrzellen des Körpers erhöht sich deutlich bei einem Ansteigen der Körpertemperatur, und dadurch wird es sowohl für Bakterien als auch für Viren schwieriger, sich im Körper zu vermehren.

Meditationen haben auch einen beruhigenden Effekt auf das Nervensystem, Veränderungen des Blutdrucks oder der Körpertemperatur können aber nur von geübten Meditierenden herbeigeführt werden. Meditation hat jedoch weitere Dimensionen: Es hilft einem, nach innen zu schauen, d. h. sich der eigenen tiefer liegenden Gefühle, Bedürfnisse, Ängste, Traumen, positiven wie negativen Konditionierungen bewußt zu werden; mit einem Wort: Es führt zur erweiterten und tieferen Selbsterkenntnis.

Abb. 9 zeigt die Veränderungen in der Persönlichkeit von Menschen, die mit der Meditation begonnen haben, im Vergleich zu Menschen, die nicht meditieren; während Abb. 10 die Veränderungen von Rauch- und Trinkgewohnheiten bei Menschen zeigt, die angefangen haben zu meditieren.

Dr. Thelma Moss von der medizinischen Fakultät der Universität in Kalifornien (99) stellte durch ihre Untersuchungen fest, daß sich Personen, die sich in einem durch Hypnose, Akupunktur oder Meditation ausgelösten Entspannungszustand befinden, durch eine größere und leuchtendere Aura auszeichnen. Photographien, die von Heilern während des Heilungsvorganges aufgenommen wurden, weisen eine wesentlich größere Korona (Strahlenkranz) auf als während des Ruhezustandes. Die Fingerspitzen von Patienten zeigen eine stärkere Korona-Aktivität nach der Heilung.

Im entspannten Zustand hat die Aura eine andere, reichere Ausstrahlung als im angespannten Zustand. Die Farben der Aura sind klarer, die Schwingungen stärker und klarer, und die Aura ist größer. Das Immunsystem ist stärker.

Ständige Anspannung und ständiger Streß führen zu unklaren Farben in der Aura, unregelmäßigem Schwingen und schwächen das Immunsystem. Depressionen und besonders auch versteckte Depressionen haben einen so starken negativen Einfluß auf das Immunsystem, daß sie schwere chronische Erkrankungen zur Folge haben können.

Bedeutung der Chakren in der Farbtherapie

Wir nehmen Farben auf vielfältige Weise in unseren Körper auf: durch die Nahrung, die Haut, die Augen und die Chakren.

Die Chakren sind Energie-Zentren von einer feinen Energie mit vitaler Kraft, die sich außerhalb unseres Körpers, aber innerhalb der Aura befinden. Die Chakren können nicht vollständig von einem materialistischen oder physiologischen Gesichtspunkt her beschrieben oder verstanden werden.

Genauso wie man Gemälde nicht nur damit interpretieren kann, daß sie aus Linien, Formen und Farben bestehen, obwohl es sich dabei um die Grundstrukturen handelt, die ein Gemälde ausmachen.

Genausowenig können die Chakren nur vom psychologischen oder physiologischen Standpunkt her beschrieben oder verstanden werden.

Die Energien der Chakren stehen in Verbindung mit dem Parasympathikus und dem autonomen Nervensystem sowie mit der Hormonsteuerung. Auf diesem Wege wird der Körper von den Energie-Zentren der Chakren mit beeinflußt und gesteuert.

Das Wort Chakra kommt aus dem Sanskrit und bedeutet Kreise und Bewegung, aber auch Rad. Weil alles in diesen Energie-Zentren von runder Form ist und sich außerdem in ständiger Bewegung befindet, wurden diese Zentren Chakren genannt. Harish Johari (100), ein bekannter Yoga-Lehrer, spricht in seinem Buch »Chakras, Energie Centres of Transformation« davon, daß die Chakren Räder des Geistes sind, die sich in der Welt der Wünsche bewegen. Die Wünsche sind selbst wie Räder, so Johari, und sie sind große Motivationskräfte. Jedes einzelne Chakra ist ein Spielplatz von Wünschen.

Wir befinden uns während unseres ganzen Lebens in dieser Welt der Wünsche und Hoffnungen, und wir verstehen unsere jeweiligen Lebenssituationen deshalb auch immer entsprechend dem Standpunkt des Chakras, in dem wir uns normalerweise befinden und in dem wir uns auch am wohlsten fühlen.

Chakra	Farbe	Eigenschaft
Basis-Chakra	Rot	Leben
Milz-Chakra	Orange	Energie
Solarplexus-Chakra (Sonnengeflecht)	Gelb	Intellekt
Herz-Chakra	Grün, Rosa	Harmonie, Liebe, Sympathie,
Kehlkopf-Chakra	Blau	religiöse Inspiration, Kreativität, Sprache, Kommunikation
Stirn-Chakra	Indigo	Intuition
Scheitel-Chakra	Violett	Spiritualität

Abb. 11 zeigt die Stellen, an denen sich die Chakren in der Aura befinden. Jedem einzelnen der sieben Haupt-Chakren entspricht eine der sieben Regenbogenfarben.

Jedes Chakra beeinflußt ein Organ oder eine der Hauptdrüsen in unserem Körper:

Basis-Chakra	Geschlechtsorgane, Geschlechtsdrüsen
Milz-Chakra	Milz/Pankreas
Solarplexus-Chakra	Sonnengeflecht/Nebennieren
Herz-Chakra	Herz/Thymusdrüse
Kehlkopf-Chakra	Schilddrüse
Stirn-Chakra	Pinealdrüse (Zirbeldrüse)
Scheitel-Chakra	Hypophyse

- Das Basis-Chakra steht für das Leben, die Fortpflanzung.
- Das Milz-Chakra ist der Sitz von Ärger, Macht etc.
- Solarplexus-Chakra (Sonnengeflecht): Sitz von Anspannung, Verkrampfung.
- Herz-Chakra: Sitz der Harmonie (in der Mitte von allen Chakren), der Liebe, der Ausgeglichenheit.
- Kehlkopf-Chakra: In der Lage sein, seine eigenen Interessen zu vertreten.
- Stirn-Chakra: Drittes Auge, erweiterte Sichtweise, in verschiedenen Dimensionen sehen zu können.
- Scheitel-Chakra: Spirituelle Energie, in der Lage sein, weiter als derzeitiges Leben sehen zu können, kosmische Sichtweise, spirituelle Energien aufnehmen zu können.

Unausgeglichene Energien in den Chakren werden mit Farbtherapie behandelt. Zuviel und zuwenig Energien in Chakren haben Auswirkungen auf die Persönlichkeit und Gefühlslage des Menschen.

Ausgeglichene Energien in dem Basis-Chakra
Gesund, sehr lebendig, kann sich kontrollieren, besitzt unbegrenzte physische Energie, ist geerdet (steht mit beiden Beinen auf dem Boden) und in sich ruhend, vermittelt Überfluß; sexueller Ausdruck: zärtlich, kann anderen vertrauen und gleichzeitig sehr verletzbar sein, sinnlich.

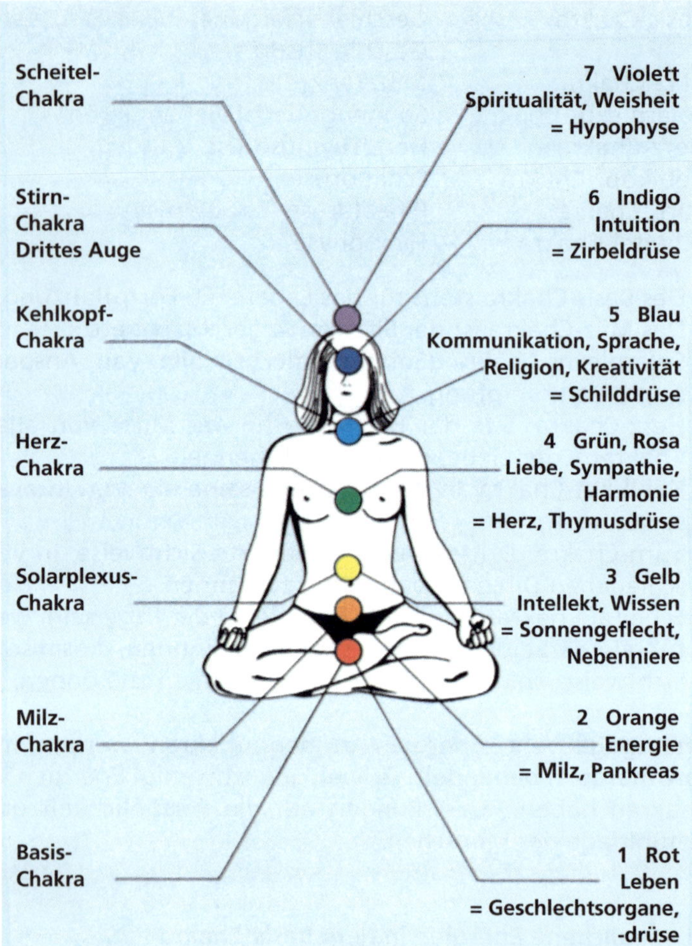

Abbildung 11

Zuviel Energien in dem Basis-Chakra
Egoistisch, dominant, habgierig, abhängig von Geld und Reichtum; sexuelle Energie: diskriminierend; setzt andere herab, konzentriert sich hauptsächlich aufs Sexuelle, kann sadistisch veranlagt sein, hat viel nervöse Energie.

Zuwenig Energien in dem Basis-Chakra
Fehlendes Selbstbewußtsein, steht nicht mit beiden Beinen fest auf dem Boden, schwach, unstet, kann vorgenommene Ziele nicht erreichen, destruktiv, Selbstmordtendenzen; sexuelle Energie: fühlt sich nicht geliebt, hat Angst, verlassen zu werden, wenig Interesse an Sexualität, masochistische Tendenzen.

- Drüsen und Organe, die von dem Basis-Chakra beeinflußt werden: Blut, Wirbelsäule, Nerven, Blase, Geschlechtsorgane und Sexualdrüsen.

Ausgeglichene Energien in dem Milz-Chakra
Freundlich, optimistisch, besorgt um andere, fühlt sich zugehörig, kreativ, phantasiereich, intuitiv, kann die eigenen Gefühle und Bedürfnisse wahrnehmen, humorvoll; sexuelle Energie: einen wundervollen Orgasmus zu erreichen, wünscht sich Kinder.

Zuviel Energien in dem Milz-Chakra
Emotional aufbrausend und aggressiv, zu strebsam, manipulativ, ist gefangen in Illusionen und zu nachgiebig den eignen Bedürfnissen gegenüber, mehr an eignen Interessen interessiert als an anderen; sexuelle Energie: Gedanken kreisen ständig um Sex, sieht Menschen lediglich als Sexobjekte an, erwartet ständig sexuellen Genuß.

Zuwenig Energien in dem Milz-Chakra
Sehr scheu, eingeschüchtert, voller Angst, unfähig zu reagieren, übersensibel, ärgerlich, unterdrückt die Gefühle, hat ständige Schuldgefühle; sexuelle Energie: klammernd, fühlt sich sexuell schuldig, hat Schwierigkeiten, schwanger zu werden, ist frigide oder impotent, läßt sich vom Partner leicht benutzen.

- Drüsen und Organe, die von dem Milz-Chakra beeinflußt werden: Haut, Brustdrüsen, weibliche Geschlechtsorgane, Nieren.

Ausgeglichene Energien im Solarplexus-Chakra
Extrovertiert, fröhlich, hat Respekt vor sich selbst, respektiert aber auch andere, hat ein starkes Gefühl für die eigene Macht, kennt die eigene Begabung und die eigenen Fähigkeiten, ist talentiert, intelligent, entspannt, spontan, ausdrucksvoll, nimmt stets neue Herausforderungen an, hat Spaß an physischen Übungen (Sport); sexuelle Energie: sorgt sich um den Partner, strebt einen gleichzeitigen Orgasmus an, verhält sich verantwortlich gegenüber dem Partner und den Kindern, ist nicht verklemmt, sondern entspannt, kann emotionale Wärme zeigen.

Zuviel Energien im Solarplexus-Chakra
Beurteilend, arbeitsneurotisch (workaholic), Perfektionist, zu intelektuell, ist als Arbeitgeber zu fordernd und lehnt als Arbeitnehmer Autoritäten ab, braucht zum Entspannen Drogen (Alkohol, Rauchen, Tabletten), schwankt zwischen Überlegenheits- und Unterlegenheitskomplex; sexuelle Energie: fordernd, testet den Partner ständig, beschwert sich dauernd über die Beziehung, kann allerdings sehr zärtlich sein.

Zuwenig Energien im Solarplexus-Chakra
Deprimiert, zuwenig selbstbewußt, besorgt darum, was die anderen wohl denken, verwirrt, hat das Gefühl, daß die anderen sein Leben kontrollieren, Neigung zu Verstopfung, hat Angst, allein zu sein; sexuelle Energie: fühlt sich unsicher, braucht ständige Bestätigung, eifersüchtig, mißtrauisch.

- Drüsen und Organe, die vom Sonnengeflecht beeinflußt werden: das Zwerchfell und die Atemorgane, Nebennierenrinde, Haut, alle digestiven Organe: Duodenum, Pankreas, Galle, Leber.

Ausgeglichene Energien in dem Herz-Chakra
Ausgeglichen, mitfühlend, gefühlvoll, menschlich, kann das Gute in jedem sehen, möchte anderen helfen und unterstützen; freundlich, extrovertiert, kann unterscheiden, ist in Kontakt mit den eigenen Gefühlen; sexuelle Energie: kann in einer liebenden Beziehung aufgehen, verlangt nach einer Einheit von Geist, Körper und Seele und fühlt sich in einer Beziehung, die das nicht geben kann, einsam; die Willensstärke ist groß, so daß auf den richtigen Partner gewartet werden kann.

Zuviel Energien in dem Herz-Chakra
Fordernd, extrem kritisch und beurteilend, verspannt zwischen den Schulterblättern, Besitzansprüche stellend, launisch, melodramatisch, benützt Geld, um Menschen zu kontrollieren (manipuliert andere mit Geld), fühlt sich als Märtyrer; sexuelle Energien »Ich liebe dich, wenn ...«, ist ein Meister der Manipulation; Liebesentzug, um eigene Wünsche durchzusetzen: »Wenn du mich wirklich lieben würdest, hättest du das nicht getan.«

Zuwenig Energien in dem Herz-Chakra
Bemitleidet sich selbst, ist paranoid, unentschieden, hat Angst, frei zu sein, Angst, verletzt oder verlassen zu werden; sexuelle Energie: fühlt sich unwürdig, geliebt zu werden, kann Hilfe nicht annehmen und sucht auch keine wirkliche Hilfe, hat panische Angst vor Ablehnung, muß unentwegt bestätigt werden.

- Drüsen und Organe, die von dem Herz-Chakra beeinflußt werden: Herz, Lungen, Immunsystem, Lymphdrüsen und Thymusdrüse.

Ausgeglichene Energien in dem Kehlkopf-Chakra
Zufrieden, in sich ruhend, in der Gegenwart lebend, gutes Zeitgefühl, guter Redner, musikalisch oder künstlerisch begabt, kann meditieren, hat guten und schnellen Zugang zu spirituellen Lehren; sexuelle Energie: wenn alle fünf Chakren offen und ausgeglichen sind, kann sich eine ungeheure sexuelle oder sinnliche Energie ausdrücken, die Person kann sich aber auch ohne große Probleme von der Sexualität fernhalten, kann eventuell die sexuelle Energie in Musik oder Meditation umsetzen.

Zuviel Energien in dem Kehlkopf-Chakra
Arrogant, selbst-gerecht, redet zuviel, dogmatisch, neigt zu Suchtabhängigkeiten; sexuelle Energie: zuviel sexuelle Energie, ist unbewußt Macho, bevorzugt Partner, die er dominieren kann.

Zuwenig Energien in dem Kehlkopf-Chakra
Angstvoll, eingeschüchtert, hält sich ständig zurück, sehr ruhig, nicht zuverlässig, schwach, hinterhältig, manipulierend,

kann seine Gedanken nicht ausdrücken; sexuelle Energie: kann sich nicht entspannen, kann unter Umständen Angst vor der Sexualität haben.

- Drüsen und Organe, die von dem Kehlkopf-Chakra beeinflußt werden: Kehlkopf, Hals, Schilddrüse, Nerven, Ohren, Muskeln.

Ausgeglichene Energien in dem Stirn-Chakra
Hat Charisma, hat Zugang zu allen Wissensquellen, kann Führung annehmen, hat kosmisches Bewußtsein erfahren, ist nicht abhängig von materiellen Sachen, hat keine Angst vor dem Tode, kann durch das eigene Beispiel anderen den Weg zur Freiheit zeigen, hat Telepathie erfahren, Astral-Reisen und kann in vergangene Leben zurückgehen, ist nicht von Ruhm, Glück oder weltlichen Dingen besessen, sein eigener Meister; sexuelle Energie: in dieser Entwicklungsstufe nimmt man sich selbst als androgyn wahr und benötigt keine andere Person, um sich vollständig zu fühlen. Ein Partner, der eine andere Person zu Vervollständigung seiner Bedürfnisse benötigt, lenkt nur von dem inneren Glücklichsein ab. Deshalb wählen viele Menschen, die eine Ausgeglichenheit in diesem Chakra erreicht haben, oft den Zölibat, obwohl die Wahl kein Zwang ist.

Zuviel Energien in dem Stirn-Chakra
Egozentrisch, stolz, manipulierend, dogmatischer Religionsanhänger, autoritär.

Zuwenig Energien in dem Stirn-Chakra
Nicht selbstbewußt, undiszipliniert, übersensibel gegenüber den Gefühlen anderer, Angst vor Erfolg, kann schizophren

sein (Schizophrenie: Unfähigkeit zwischen dem Ego und dem Höheren Selbst zu unterscheiden).

- Drüsen und Organe, die von dem Stirn-Chakra beeinflußt werden: Pineal-Drüse, Hypophyse, Gehirn, Augen, Ohren und Nase.

Ausgeglichene Energien in dem Scheitel-Chakra
Offen für höhere (nicht weltliche) Energien, unbegrenzte Energien, kann die Gesetze der Natur transzendieren, vollständiger Zugang zum Unbewußten.

Zuviel Energien in dem Scheitel-Chakra
Dauerndes Gefühl von Frustration, nicht realisierte Stärke, psychotisch, depressiv oder manisch-depressiv, leidet ständig unter Migräne, ist destruktiv; sexueller Ausdruck: manchmal leidenschaftlich, manchmal voller Abstand.

Zuwenig Energien in dem Scheitel-Chakra
Keine Lebensfreude, kann keine Entscheidungen fällen.

- Drüsen und Organe, die von dem Scheitel-Chakra beeinflußt werden: Hypophyse, Pineal-Drüse, das gesamte Nervensystem, Gehirn. (101)

Die heilende Wirkung der sieben Regenbogenfarben

Jede Farbe hat sieben spezifische Eigenschaften und wirkt in diesen spezifischen Bereichen:

1. Ein physikalisches oder materielles Element.
2. Ein psychologisches Element.
3. Ein harmonisierendes, verbindendes Element.
4. Ein vitales, kraftspendendes Element.
5. Ein heilendes Element.
6. Ein intuitives und inspirierendes Element.
7. Ein spirituelles Element einer höheren Bewußtseinsstufe. (102)

Ein Verzeichnis der sieben Regenbogenfarben und ihrer Wirkungen in den verschiedenen Ebenen finden Sie im Anhang, wie eine Auflistung der Körperteile, ihrer psychischen Entsprechung und den dazugehörigen Farben (siehe auch Kapitel »Aussagekraft der Farben«).

Die roten Farbschwingungen

Rot offenbart sich in der Natur als die Farbe der Bewegung. Wir beobachten z. B. in der Natur die auf- und untergehende Sonne. Rote Farbstrahlen sind heilwirkend bei allen Arten von Bewegungsstockungen. Die Farbschwingungen von

Rot haben einen wärmenden, vitalisierenden und stimulierenden (anregenden) Effekt auf den menschlichen Körper, den Geist und die Emotionen. Diese Schwingungen wirken ausgezeichnet bei Krankheiten des Blutes.

- Alle Behandlungen mit diesen Farbschwingungen sollten jedoch mit Vorsicht ausgeführt werden.

Die rote Farbe kann zur Erwärmung des Blutes, zur Steigerung der Pulsfrequenz, der Blutzirkulation, zur Belebung, Anregung und Kraftvermehrung angewandt werden. Rot wirkt anregend auf Haut und Drüsen sowie auf den Stoffwechsel. Die Rotlichtbestrahlung wird deshalb überall dort angewandt, wo eine Zufuhr neuer Lebenskräfte notwendig ist.

Sie unterstützt die Bildung von roten Blutkörperchen und ist leberanregend. Sie ist auch zu empfehlen bei Herz-, Lungen- und Muskelerkrankungen, aber auch bei Rheumatismus, Ischias und Gicht. Außerdem sind die roten Farbschwingungen sinnesanregend.

Die rote Farbe verstärkt die Erregung des Nervensystems, sie kann deshalb zu Tobsuchtsanfällen bei Nervenkrankheiten führen und wirkt ähnlich auf manche Tiere.

Stiere, Truthähne, Pfauen, Elefanten werden z. B. durch Rot in Wut versetzt, während sie durch Blau beruhigt werden.

Krankheiten, die mit Rot behandelt werden

Depressionen, Energiemangelzustände, nicht ausreichende Erdung, mangelnder Realitätsbezug, niedriger Blutdruck, Blasenentzündungen, Verdauungsstörungen, mangelhaft durchblutete Haut, Schock, Blutarmut, alle Arten von Durchblutungsstörungen, Impotenz, Frigidität, fehlende Periode, Schwäche nach der Geburt, Schwäche während des Klimakteriums.

- Kontraindikationen: Nicht anwendbar bei nervösen Störungen, Personen, die sehr erregt sind, hyperaktiven Personen, bei Fieberfällen, Geschwüren, hohem Blutdruck, rotem Gesicht, Schwellungen, Entzündungen.

Die orangenen Farbschwingungen

Orange ist wie Rot auch eine warme Farbe, die eine anregende Wirkung hat. Orange unterstützt die vitalen Prozesse der Anpassung und des Kreislaufs sowie der Blutzirkulation, steuert die Nahrungseinnahme und ist der Milz zugeordnet. Die orangenen Farbschwingungen sind unentbehrlich für Gesundheit und Vitalität.

Krankheiten, die mit Orange behandelt werden
Nierenschwäche, Verstopfung, Muskelkrämpfe und verspannungen, geringe Verdauung, zu wenig Energie, Allergien (übersensibel gegenüber der Umwelt), Repressionen und emotionale Verspannungen und Unterdrückungen. Orange kräftigt das Lungengewebe und ist wie Rot drüsenanregend.

- Kontraindikationen: Überschüssige Energie, Nervosität und Unruhe, überschüssige sexuelle Energie.

Die gelben Farbschwingungen

Die Schwingungen von Gelb haben einen positiven und anregenden Effekt auf die Nerven und stärken sie. Diese Farbschwingungen beeinflussen außerdem das Höhere Selbst und die Seele. Diese Farbe ist dem Sonnengeflecht, der Zentrale des Nervensystems, zugeordnet. Die komplementären Farben sind Grün und Blau.

Gelbes Licht wirkt günstig auf die Ernährungsorgane. Magen, Darm, Leber, Milz und Blase werden durch die gelbe Farbe gestärkt, und Erkrankungen in diesem Bereich können dadurch geheilt werden. Gelb hat die intensivste Strahlung, es ist deshalb auch bei Lähmungen zu verwenden und sollte abwechselnd mit Rotlicht angewandt werden.

Helle gelbe und goldene Farben wirken nicht nur sehr günstig auf melancholische und trübsinnige Menschen, sie haben den gleichen Effekt auf Tiere. Ein gelbbestrahlter Raum wirkt an Regentagen wesentlich freundlicher und sonnenscheinartig. Dr. Eberhard erwähnt Untersuchungen, die auf Hühnerfarmen durchgeführt wurden und bei denen man feststellte, daß Hühner mehr Eier legten, wenn man ihre Brutstätte mit Gelb bestrahlte.

Krankheiten, die mit Gelb behandelt werden
Verdauungsprobleme, Blähungen, Nahrungsmittel-Allergien, Leberprobleme, Diabetes, Blutzuckermangel, zuviel sexuelle Energie, Hypothyroid, Gallensteine, Muskelverspannungen und -verkrampfungen, Depressionen, Atemschwierigkeiten (Asthma).

- Kontraindikationen: Nervöse und unruhige Personen und solche mit »roten« Krankheiten oder Störungen sollten gelbes Licht nicht länger als 5–10 Minuten anwenden.

Die grünen Farbschwingungen

Die grünen Farbschwingungen symbolisieren Gleichgewicht und Harmonie, und sie sind von daher von fundamentaler Wichtigkeit für das gesamte Nervensystem.

Grün ist die Farbe der Natur. Sie ist lokalisiert im Herz-Chakra, in der Mitte des Körpers, was wiederum auf die ausgleichende Funktion hinweist. Die Schwingungen der Farbe Grün beruhigen, sie sind nicht anregend, entzündend oder irritierend.

Das Herz-Chakra beeinflußt die Kontrolle von Blutzufuhr und Verteilung wesentlich. Grün restauriert angegriffene Nerven und gibt neue Energie.

Grün ist das »Master«-Tonikum der Natur. Dem Herz-Chakra wird als einzigem zum Grün eine zweite Farbe zugeordnet, und zwar Rosa, das ähnliche Schwingungen und Wirkungsweisen zeigt.

Krankheiten, die mit Grün oder Rosa behandelt werden
Herzschmerzen, Herzanfälle, hoher Blutdruck, negative Lebenseinstellung, Ermüdungserscheinungen, Atmungsschwierigkeiten, Anspannungen, Schlafstörungen, Ärger, Paranoia, Krebs.

- Kontraindikationen: Keine, da diese Farbe harmonisiert und ausgleicht.

Die blauen Farbschwingungen

Die Farbschwingungen der Farbe Blau haben einen enormen antiseptischen, außerdem einen kühlenden und zusammenziehenden Effekt. Blau hat schlafunterstützende Eigenschaften, durch die kühlende Ruhe. Die kraftvollen Schwingungen von Blau sind im Kehlkopf-Chakra lokalisiert. Diese Schwingungen haben eine beruhigende, friedvolle Wirkung, deren Strahlungsenergie ausgezeichnet auf Entzündungen und Fieberkrankheiten wirkt.

Blau vermindert die Pulsfrequenz und die Durchblutung.

Es wirkt beruhigend und schmerzstillend. Blaulichtbestrahlungen werden bei nervösen Herzbeschwerden, Herzangst, Herzfehlern, Herzklopfen angewendet. Blau hilft auch bei Einschlafstörungen. Blaulichtbestrahlungen werden ebenso bei bestimmten Hauterkrankungen wie Rose, Nesselsucht und dergleichen eingesetzt. Blau wirkt fieberhemmend und nervenernährend.

Die kurzwelligen blauen, violetten und ultravioletten Strahlen wirken kühlend und sind chemisch zersetzend.

Das Institut für Tierforschung in Bombay berichtete, daß Raubtiere einen Widerwillen gegen Himmelblau haben. In zahlreichen Versuchen wurde festgestellt, daß Tiger durch nichts zu bewegen sind, einen Stall anzufallen, dessen Wände himmelblau gestrichen sind. Blau wirkt ebenso abstoßend auf verschiedene Insekten, so auch auf Wasserflöhe, die Blaualgen meiden.

Menschen scheinen unbewußt auch Blau zu meiden, wie Dr. Eberhard in ihrem Buch »Heilkräfte der Farben« beschreibt. Menschen, die sich mit verbundenen Augen in einer Dunkelkammer befanden, wurden mit verschiedenfarbigem Licht auf den Hals oder die Wange angestrahlt. Handelte es sich dabei um weißes Licht, blieben die Versuchspersonen regungslos. Wurden sie jedoch mit rotem Licht angestrahlt, bewegten sie ihre Arme der Lichtquelle zu, im Falle von blauem Licht bewegten sie die Arme vom Licht weg.

Krankheiten, die mit Blau behandelt werden

Schilddrüsenüberfunktion, Halsschmerzen, Entzündungen, Verbrennungen, Hautinfektionen, Ekzeme, Fieber, Ohreninfektionen, Übermüdungserscheinungen, geistige Erschöpfung, Kiefernentzündungen, Zähnekriegen bei kleinen Kindern, Geschwüre, Magengeschwüre, Gastritis, Nervosität, Koliken, Rückenschmerzen, Hämorrhoiden, hoher Blutdruck, Vergiftungserscheinungen in der Schwangerschaft,

Scheidenentzündungen, Überaktivität, leichte Erregbarkeit bis hin zur Gewalttätigkeit.

- Kontraindikationen: Blaues Licht sollte nie länger als 30 Minuten angewandt werden, es kann Schläfrigkeit und Zurückgezogenheit zur Folge haben. Falls dies jedoch passieren sollte, kann man kurz mit Gelb oder Orange bestrahlen.
  Blau wird nicht im Falle von Erkältungen angewandt, Muskelverspannungen, Lähmungen und schlechter Durchblutung.

Die indigofarbenen Farbschwingungen

Die Schwingungen der Farbe Indigo sind im Dritten Auge, der Pineal-Drüse (Zirbeldrüse, Epiphyse), lokalisiert. Dieses Chakra hat einen zentralen Einfluß auf die Augen, die Nase und die Ohren. Deshalb behandelt man Krankheiten in diesem Bereich am besten mit Indigo. Die Strahlen sind außerdem sehr wirksam bei nervösen und geistigen Störungen sowie in der Behandlung von Lungenkrankheiten wie Lungenentzündung, Asthma, Bronchitis, Schwindsucht (Auszehrung).

Indigo hat einen sehr starken Einfluß auf den Geist des Menschen und das Nervensystem. Es reduziert negative Elemente des Bewußtseins. Wenn man es richtig anwendet, helfen seine Farbschwingungen, ein vertieftes, erweitertes und positiveres Bewußtsein aufzubauen.

Krankheiten, die mit Indigo behandelt werden

Alle Art von Schmerzen (Indigo hat einen anästhesierenden Effekt), Durchfall, Darmbeschwerden, seelische Erschöpfung; es wirkt anregend auf die Hypophyse – Frauen mit einer Hypophysenschwäche haben oft eine Vorliebe für die Farbe Indigo.

- Kontraindikationen: Schizophrenie, Zurückgezogenheit.

Die violetten Farbschwingungen

Violett hat die höchsten und feinsten Schwingungen und sollte deshalb nur mit Vorsicht angewandt werden. Die Anwendung von Violett hat in den letzten Jahren erheblich zugenommen, ohne daß man sich der Gefahren bewußt ist.

Diese Farbe ist lokalisiert im Scheitel-Chakra, und sie wirkt besonders im geistigen und spirituellen Bereich. Es kann nicht bei völlig unentwickelten Menschen, bei Debilität oder einer eher kindlichen Persönlichkeitsstruktur eingesetzt werden. Äußerste Vorsicht ist außerdem in der Anwendung bei gewalttätigen Menschen (körperlich oder geistig) geboten. Es regt das oberste Chakra an und kontrolliert die Hypophyse.

Krankheiten, die mit Violett behandelt werden
Depressionen, Migräne, Parasiten, blaue Augen (»Veilchen«), Glatze, Schuppen.

Wachtums-, Beruhigungs-, Hemmungsstrahlen

Wachstumsstrahlen sind Rot, Orange, Gelb, Gelbgrün.

- Anzuwenden bei Abmagerung, Absterben der Glieder, Alpdrücken, Appetitlosigkeit, Ausschlag, Bleichsucht, Bronchialkatarrh, Darmkatarrh, Epilepsie, Flechten, Gelbsucht, Gemütsleiden, Haarausfall, Hautleiden, Hexenschuß, Lähmung und Schwächung der Glieder, Leberleiden, Magenkatarrh, Masern, Rheumatismus, Scharlach, frischen Wunden.

Beruhigungsstrahlen sind Grün, Rosa, Gold sowie die Blautöne.

- Anzuwenden bei Angstzuständen, Schlafstörungen, Atmungsschwierigkeiten, hohem Blutdruck, Krebs, Paranoia, Schizophrenie, seelischer Erschöpfung, allen Herzerkrankungen (hier Vorsicht mit Blautönen).

Hemmungsstrahlen sind Blau, Blauviolett, Blaugrün.

- Anzuwenden bei Abszessen, Arterienverkalkung der Herzgegend und des Gehirns, Bartflechte, Blasenkatarrh, Blinddarmreizung, Blutandrang, Vereiterungen, Fettsucht, Gelenkentzündung, Gicht, Hämorrhoiden, Herzleiden, Knochenhautentzündung, Nervenentzündung, Ohrenleiden, Schnupfen, Warzen, Zahnschmerzen (103).

Krankheitsbilder und heilende Farben

Jede Krankheit ist eine körperliche Blockade von Energien. Der Körper ist sozusagen die letzte Instanz, in der sich eine Blockade manifestiert. Blockaden existieren zuerst im Denksystem und in den Gefühlen und manifestieren sich in der Aura. Sie können dort von manchen Menschen wahrgenommen, »gelesen« und interpretiert werden. Genauso wie man sehen kann, ob die Chakren offen oder geschlossen sind und mit den Chakren gearbeitet werden kann, so können auch Blockaden in der Aura gelesen werden.

Das Potential eines Menschen spiegelt sich ebenfalls in der Aura wider. Die Fähigkeit eines Menschen, die Aura eines anderen Menschen zu lesen und zu interpretieren, hängt von den eigenen Fähigkeiten, den eigenen gelösten und ungelösten Problemen ab.

Blockaden, sowohl in Denk- als auch emotionalen Strukturen, sind auf der tiefsten Ebene Blockaden gegenüber der uneingeschränkten Annahme des Lebens. Leben, d. h., am Rhythmus des Lebens teilnehmen, mit dem Rhythmus des Lebens fließen. Dazu gehören die ständige Ernährung (Ernährung im weitesten Sinne: essen; emotionale und geistige Aufnahme), das Verdauen (assimilieren), Anpassen des Aufgenommenen an die eigenen Strukturen (wieder auf allen Ebenen) und zum Schluß das Ausscheiden der Stoffe, die wir nicht verdauen, verwerten können. Wenn wir diesen Lebensprozeß auf allen Ebenen, der

- physischen,
- emotionalen,
- geistigen,
- spirituellen

Ebene, nicht frei fließen lassen können, entstehen Blockaden in den jeweiligen Bereichen. Bevor sich Blockaden in körperlichen Symptomen niederschlagen, stiften sie einige Unruhe in den feineren Körpern des Menschen: im geistigen Körper, im emotionalen Körper. Die Blockaden verdichten sich mehr und mehr und schlagen sich dann im physischen Körper, der die dichtesten Schwingungen hat, nieder. Diese Zusammenhänge erläutert folgende Übersicht:

- Werden Bedürfnisse, Wünsche, Erwartungen, Hoffnungen, Sexualität, Enttäuschungen, Aggressionen im *Denken* blockiert, führt dies zu Störungen im Kopfbereich;
- werden diese Bedürfnisse, Wünsche, Erwartungen, Hoffnungen, Sexualität, Enttäuschungen, Aggressionen auf der *nervlichen Ebene* blockiert, führt dies zu Krankheiten des Nervensystems, wie z. B. multiple Sklerose, Parkinson etc.;
- werden diese Bedürfnisse, Wünsche, Erwartungen, Hoffnungen, Sexualität, Enttäuschungen, Aggressionen auf der *körperlichen Funktionsebene* blockiert, führt dies zu Bluthochdruck und vegetativer Dystonie;
- werden diese Bedürfnisse, Wünsche, Erwartungen, Hoffnungen, Sexualität, Enttäuschungen, Aggressionen im *muskulären Bereich* blockiert, führt dies zu Krankheiten des Bewegungssystems, wie z. B. Rheuma, Gicht (104).

Wünsche, Erwartungen, Enttäuschungen etc. werden zunächst entweder gedanklich oder emotional erfahren und erlebt. Das führt direkt durch das vegetative Nervensystem zur vegetativen Veränderung des Körpers: Der Puls steigt, der Blutdruck steigt, das Herz rast, der Blutdruck kann auch sinken; man bekommt kalte Hände und Füße; es wird einem schlecht vor Enttäuschung, usw.

Der nächste Schritt ist dann die Umsetzung in direkte Handlung, in Muskelaktivität. Findet nun eine Blockade auf irgendeiner dieser Stufen statt, finden wir dort auch die entsprechenden Krankheiten. D. h., daß sich alles, was wir durch eine Blockade aus dem bewußten Denken und Leben ausschließen, in Form von Krankheiten wieder in der Realität niederschlägt.

Im folgenden werden Krankheiten und die zugrundeliegenden Blockaden besprochen.

Krankheiten des Immunsystems

Krebs kann verursacht werden durch lang gehegten Groll (Unmut, Ärger, Entrüstung, Empörung, Ressentiment) gegen eine oder mehrere nahestehende Personen. Hier schlagen sich frühere Erfahrungen nieder, die man nie vergessen oder verziehen hat, die man nicht vergessen oder verzeihen will. Auf einer tieferen Ebene macht man andere für die eigenen Probleme verantwortlich.

Herpes ist eine Krankheit, die immer und immer wieder kommt und mit unseren unbewußten negativen Gefühlen uns selbst gegenüber zusammenhängt und uns dafür »bestraft«, daß wir vermeintlich schlecht sind.

Aids ist eine tödliche Krankheit. Diejenigen Aids-Patienten, die ich behandelt habe, hatten alle ohne Ausnahme ein sehr geringes Selbstwertgefühl. Sie fühlten sich einfach nicht wert zu leben, obwohl sie nach außen nicht diesen Eindruck machten.

- Heilende Farben: Grün, Rot, Blau, Rosa.

Krankheiten der Sinnesorgane

Mit unseren Sinnesorganen nehmen wir die Welt um uns herum wahr. Was und wie wir allerdings hören, sehen, fühlen, riechen und schmecken, hängt wiederum von unserer inneren Bereitschaft und Fähigkeit ab, was und wie wir hören, sehen, fühlen riechen und schmecken wollen und können. Äußere Eingrenzungen sind immer eine Folge von inneren Eingrenzungen. Wie wir also eine Umgebung und auch Menschen wahrnehmen, entweder als freundlich oder bedrohlich, lustig oder ernst, hängt in erster Linie von unserer inneren Bereitschaft, unserer inneren Fähigkeit zur Wahrnehmung ab. Die äußere Wahrnehmung spiegelt also unseren inneren Seelenfrieden oder -unfrieden wider, die äußere Wahrnehmung ist ein Spiegel der Voraussetzung unserer inneren Einstellungen.

Obwohl wir meinen, daß andere Menschen das gleiche wahrnehmen, ist diese Annahme eine Täuschung. Wir haben alle gelernt, daß Blau Blau ist, und welches Material als Eisen oder Holz bezeichnet wird. Wir haben gelernt, unsere materielle Umwelt so zu bezeichnen, wie es der Kultur entspricht, in der wir aufgewachsen und erzogen worden sind, in der wir denken und sprechen gelernt haben.

Mit den *Augen* nehmen wir äußere Eindrücke wahr und lassen sie in uns hinein, in ihnen spiegelt sich aber auch unsere Seele wider. Menschen haben traurige oder fröhliche Augen, einen leeren oder aber auch einen bösen oder magischen Blick.

Störungen oder Krankheiten der Augen weisen auf ein gestörtes Verhältnis zu unserer inneren und damit auch äußeren Realität hin. Es bedeutet immer, daß wir etwas entweder in uns oder in unserer Umwelt nicht »sehen« wollen, nicht wahrnehmen wollen.

Kurzsichtigkeit spiegelt eine starke Subjektivität wider, aber auch Angst vor der Zukunft, vor Neuem, vor allem, was nicht direkt im überschaubaren Umkreis sichtbar ist. *Weitsichtigkeit* hängt mit innerer Unsicherheit über die Gegenwart zusammen. Der Grad der Kurz- bzw. Weitsichtigkeit spiegelt die Schwere des jeweiligen Konfliktes wider.

Der *Katarakt* (grauer Star) weist auf fehlende Freude, dem Leben entgegenzusehen, hin. Die *Bindehautentzündung* zeigt Ärger und Frustration über das, was wir im Leben sehen. Da wir das Leben entsprechend unserer inneren Position wahrnehmen, bedeutet eine Bindehautentzündung meistens, daß wir bestimmte Dinge an uns selber nicht sehen wollen.

Auch *Schielen* bedeutet eine Unfähigkeit, Dinge im inneren und äußeren Leben sehen zu wollen. Es weist auch darauf hin, daß es sich um jemanden mit sich widersprechenden Motiven oder Konflikten handelt.

Die *Ohren* geben uns die Fähigkeit zu hören. Probleme mit den Ohren weisen darauf hin, daß man etwas nicht hören will. Ohrenentzündungen deuten auf Ärger über etwas Gehörtes hin.

Taubheit läßt darauf schließen, daß man sich seit langer, langer Zeit weigert, etwas Bestimmtes zu hören.

- Heilende Farben: Grün, Rot-Orange.
- Für die Augen: Blau.
- Für die Ohren: Indigo, Orange.

Krankheiten der Haut

Die Haut ist das bei weitem größte Wahrnehmungsorgan des Körpers. Die Hautoberfläche weist eine große Zahl sensorischer Wahrnehmungspunkte auf, die Reize wie Hitze, Kälte, Berührung oder sonstige äußere Einflüsse registrieren. Man geht davon aus, daß 100 Quadratmillimeter Haut im Durchschnitt ca. 50 solcher Wahrnehmungspunkte haben. Es existieren zwischen 7–135 Tastkörperchen pro Quadratzentimeter Hautoberfläche und über eine halbe Million Nerven, die von der Haut zum Rückenmark verlaufen. Die Hautoberfläche beträgt beim Erwachsenen über 18 000 Quadratzentimeter Fläche, und das Gewicht der Haut macht etwa 16–18 Prozent des gesamten Körpergewichts aus.

Die Haut erfüllt viele wichtige Funktionen, die wichtigsten sind:

1. Zusammenhalten des Organismus,
2. Abgrenzung gegenüber der Umwelt,
3. Schutz des Organismus gegen mechanische Verletzungen, Strahlenschäden und gegen das Eindringen fremder Substanzen und Organismen,
4. Atmung,
5. Wärmeregulation,
6. Träger des Stoffwechsels und Stoffwechselorgan beim Wasser- und Salzmetabolismus (Schweiß),
7. Ausdrucks- und Darstellungsorgan,
8. Sexualorgan.

Die Haut ist unsere »äußere Grenze« zur Umwelt, wir zeigen uns der Umwelt in unserer Haut, und wir können nicht aus unserer Haut heraus. Unsere Haut repräsentiert unsere Individualität nach außen (105), während das Blut unsere innere Individualität darstellt.

Hautprobleme deuten darauf hin, daß wir uns in unserer Individualität bedroht fühlen und meinen, daß andere Macht über uns haben.

Die Haut reflektiert auch unsere inneren Organe. Jede Störung eines inneren Organs wird auf die Haut projiziert, und jede Reizung unserer Hautoberfläche wird nach innen weitergeleitet. Viele Methoden der Naturheilkunde machen sich diesen Zusammenhang zunutze. Die Fußreflexzonentherapie beruht auf diesem Zusammenhang, die sensible Massage, Kinesiologie, das Schröpfen der Haut, Moxibution und viele andere Methoden.

Keine Reaktion der Haut ist zufällig, jede Rötung, Schwellung, jedes Ekzem, jeder Pickel, jeder Abszeß weist auf einen inneren Vorgang hin. Für die Homöopathen, Naturheilpraktiker und anthroposophischen Ärzte hat z. B. auch ein Leberfleck eine Bedeutung. Dethlefsen bringt diesen Zusammenhang in eine klare und deutliche Formulierung: »Alles Sichtbare ist nur ein Gleichnis für das Unsichtbare, so wie ein Kunstwerk sichtbarer Ausdruck der unsichtbaren Idee des Künstlers ist.« (106)

Die Haut spiegelt außerdem auch psychische Vorgänge wider: Wir werden rot vor Verlegenheit oder Scham, blaß vor Schreck; man schwitzt vor Aufregung oder Angst; wir bekommen eine Gänsehaut. Die elektrische Leitfähigkeit der Haut ist mit entsprechenden Geräten meßbar. Der Lügendetektor arbeitet nach diesem Prinzip und gibt so die innere Anteilnahme einer Person an den gestellten Fragen wieder.

Jede Hauterkrankung ist Ausdruck des inneren, seelischen Zustands. Allergiker haben bestimmten Substanzen gegenüber eine höhere Sensibilität entwickelt, die anderen Menschen fremd ist. Psychisch bedingte Hauterkrankungen, wie z. B. die Neurodermitis oder Schuppenflechte, stehen in engem Zusammenhang mit verdrängten Aggressionen. Diese Menschen sind oft gegenüber Personen in ihrer unmittelbaren Umwelt von einem unbewußten Haß erfüllt, der aber eigentlich einer frühkindlichen Bezugsperson gilt. Nervöse Hautkrankheiten weisen im allgemeinen auf eine Regression in frühkindliche Erfahrungs- und Verhaltensmuster hin.

Klagen und unterdrücktes Weinen werden oft unbewußt auf die Haut projiziert und verursachen Hauterkrankungen. Das gilt ebenso für unterdrückten Ärger und Wut.

Ein weiterer häufiger Grund für Reizungen und Erkrankungen der Haut ist der Konflikt zwischen dem Wunsch nach körperlicher Nähe, verbunden mit gleichzeitiger Berührungsangst. An der Hautbeschaffenheit des Patienten kann ein Therapeut vieles feststellen: wie weich oder hart die Oberfläche ist, wie trocken die Haut ist, wie lebendig das Gewebe ist. Aus solchen Gegebenheiten kann »gelesen« werden. Sind die Poren der Haut offen, handelt es sich auch um eine offene, auf die Welt zugehende Person; ist die Haut jedoch fest, die Poren geschlossen, so handelt es sich um Personen, die niemanden in sich hineinsehen lassen wollen, die ihre Gefühle anderen oder auch sich selbst nicht mitteilen wollen (107).

Viele Menschen in unserer Kultur leiden unter zu wenig Berührung, da sie als Kinder zu wenig Körperkontakt hatten. Sie möchten nun als Erwachsene zwar gerne berührt werden, haben aber Angst, darum zu bitten oder sich darum zu bemühen. Physischer Kontakt ist für diese Menschen ein Tabu, weil sie ihn mit einem sexuellen Akt assoziieren.

Juckreiz weist auf unterdrückten Ärger hin, er kann aber auch mit verdrängten sexuellen Regungen zusammenhängen.

Immer zeigt ein Ausschlag jedoch, daß etwas, was bisher zurückgehalten wurde, die Grenze der Unterdrückung durchbrechen will, um nach außen zu gelangen, um direkte Beachtung zu gelangen.

- Heilende Farben: Orange, Blau.

Krankheiten der Atmungsorgane

Das Atmen ist ein rhythmischer Vorgang, der sich aus zwei Phasen zusammensetzt: dem Ein- und dem Ausatmen. Dethlefsen führt die Atmung als Beispiel für die Polarität des Lebens an. »Die beiden Pole Einatmen und Ausatmen bilden durch ihren ständigen Wechsel einen Rhythmus. Dabei erzwingt ein Pol seinen Gegenpol, denn Einatmen erzwingt Ausatmen usw. Wir können auch sagen: Ein Pol lebt von der Existenz seines Gegenpols, denn vernichten wir die eine Phase, verschwindet auch die andere. Der eine Pol kompensiert den anderen Pol, und beide zusammen bilden eine Ganzheit. Atem ist Rhythmus, Rhythmus ist die Grundlage alles Lebendigen.« (108)

Wir atmen von unserem ersten Schrei bis zu unserem letzten Seufzer. Der Rhythmus der Atmung funktioniert auch, wenn wir bewußtlos sind und wenn wir schlafen; er unterliegt nicht unserer bewußten Kontrolle.

Der Prozeß des Atmens ist ein Prozeß des Austausches. Der Sauerstoff aus der Luft wird beim Einatmen den roten Blutkörperchen zugeführt, während wir beim Ausatmen das Kohlendioxid abgeben. Der Prozeß der Atmung umfaßt die Polarität der Aufnahme und Abgabe, aber auch die Polaritäten Spannung und Entspannung. Wenn der Brustkorb sich durch das Einatmen dehnt, entsteht in den Lungen ein Unterdruck, der Luft ansaugt. Das Zwerchfell verursacht die Ausdehnung des Brustkorbs, da es sich beim Einatmen nach unten senkt. Die Bewegung des Zwerchfells wird durch das Atemzentrum im Zentralnervensystem ausgelöst, welches sofort auf Kohlendioxidüberschuß reagiert und den Zwerchfellmuskel sofort in Bewegung setzt.

Menschen mit Erkrankungen der Atemorgane haben deshalb Probleme mit den folgenden Polaritäten: Spannung und Entspannung, Geben und Nehmen, Kontakt und Abwehr, Freiheit und Einengung.

Der *Hals* – der nicht direkt zu den Atmungsorganen gehört – repräsentiert unsere Fähigkeiten, für uns selbst zu sprechen (Hals-Chakra: Chakra der Kommunikation). Halsschmerzen weisen fast immer auf unterdrückten Ärger hin: Wir fühlen uns nicht selbstsicher genug, für uns selbst zu sprechen, unsere eigene Meinung und Position entsprechend zu vertreten. Der Hals repräsentiert außerdem unsere

Kreativität. Menschen, die ständig Halsentzündungen haben, haben Probleme mit der freien Entwicklung ihrer Kreativität. Sie fühlen sich blockiert und leben oft ihr Leben für andere. Mandelentzündungen und Schilddrüsenprobleme weisen auf eine frustrierte Kreativität hin und auf die Unfähigkeit, das zu tun, was man gerne tun möchte.

Die *Lungen* stehen für unsere Fähigkeit, Leben einzuatmen und wieder auszuatmen. Probleme mit den Lungen deuten darauf hin, daß wir unsicher oder ängstlich sind, das Leben ohne Einschränkung in uns aufzunehmen und nach dem Anpassungsprozeß die nicht benötigten Stoffe wieder abzugeben.

Die psychosomatischen Zusammenhänge beim Asthma sind schon seit vielen Jahren bekannt und diskutiert worden. Asthmaanfälle entstehen als Resultat von mangelnder seelischer Verarbeitung von erlebtem Leiden.

Der Anfall ist der Ersatz für nicht ausgedrücktes Weinen. Dieser Zusammenhang ist vielen Asthmakranken bewußt. Wenn es ihnen gelingt, während des Anfalls zu weinen, läßt der Anfall nach.

Die Asthmaanfälle eines Kindes entsprechen oft den unbewußten Kontrollimpulsen der Mutter (109). Die Kinder sind übertrieben anhänglich, und das verstärkt das gesteigerte beschützende Verhalten der Mütter. Asthmakranke haben – wie ihre Mütter – ein Problem mit Geben und Nehmen. Sie nehmen sich die Zuneigung der Mutter durch den Anfall, d. h., sie können ihre Bedürfnisse nicht anders ausdrücken als durch ihre Krankheit.

Durch den Anfall ist sich der Asthmatiker der Zuneigung der Mutter oder anderer Bezugspersonen sicher. Mit der Krankheit kann er auf seine Umwelt auch Druck ausüben und sie manipulieren. Er kann keinen Staub vertragen, es darf nicht geraucht werden, er reagiert allergisch auf Haustiere.

Hier zeigt sich wieder, daß sich der Asthmatiker durch die

Krankheit holt, was er sich sonst nicht traut, sich zu holen: Aufmerksamkeit, Anerkanntwerden und Zuwendung.

Dethlefsen weist auf den Zusammenhang zwischen dem Machtanspruch des Asthmatikers und seinem Hang zum Selbstopfer hin: »Sie läßt uns etwas von der Ambivalenz einer solchen unbewußt gelebten Dominanz spüren. Denn mit dem Aufbauen von Machtanspruch, mit diesem Sich-immer-mehr-Aufplustern und -Aufblasen wächst proportional auch der Gegenpol, nämlich Ohnmacht und das Gefühl der Kleinheit und Hilflosigkeit.« (110) Das wäre genau die Aufgabe des Asthmatikers, diese Kleinheit im Bewußtsein zu realisieren.

- Heilende Farben: Grün, Blau, Rot-Orange, Rot.

Kopfschmerzen und Migräne

Dethlefsen macht darauf aufmerksam, daß Kopfschmerzen erst seit einigen Jahrhunderten bekannt sind und daß man sie in früheren Kulturepochen nicht kannte. In den modernen Industrieländern sind Kopfschmerzen ein alltägliches Problem geworden. Die Statistiken zeigen, daß ca. 20 Prozent der Bevölkerung in diesen Ländern davon betroffen sind. Frauen sind von Kopfschmerzen häufiger betroffen als Männer, und die »oberen Schichten« in diesen Gesellschaften sind anfälliger für Kopfschmerzen als andere soziale Schichten.

Kopfschmerzen können organische Ursachen haben. Die Ärzte sind sich aber darüber einig, daß die Ursache von Kopfschmerzen überwiegend auf emotionale Gründe zurückzuführen ist. Oft sind Kopfschmerzen durch eine chronische Verspannung der Muskulatur verursacht, die Nacken und Kopf verbindet. Es wird in diesem Fall vom Spannungskopfschmerz gesprochen, einem diffusen, drükkenden Schmerz, der sich über lange Zeiträume hinziehen kann. Dieser sehr häufig vorkommende Kopfschmerz entsteht wahrscheinlich durch einen zu hohen Spannungszustand der Gefäße. Je weniger wir entspannt sind, desto mehr schlägt sich das in einem Spannungszustand unserer Gefäße nieder.

Der Kopf reagiert von allen Organen am schnellsten auf innere Spannungszustände mit Schmerzen. In unserer kopflastigen Gesellschaft können wir uns ein Ausfallen der Funktionsfähigkeit des Kopfes nicht leisten, deshalb bieten pharmazeutische Firmen eine Unzahl von Medikamenten gegen Kopfschmerzen an, die mit biologisch-chemischen Mitteln den Kopfschmerz beseitigen sollen.

Die Anzahl der Kinder, die bei Schulschwierigkeiten unter Kopf- und Bauchschmerzen leiden, ist z. B. in England außerordentlich hoch. Spannung und unterdrückte Gefühle schlagen sich zuerst im Kopf und dann im Bauch nieder. Neuere Massagemethoden sowie die Kinesiologie in England beschäftigen sich besonders mit der Auflösung der Spannungsknoten im Bauch.

Während der Kopfschmerz häufig bei Menschen auftritt, die in der Regel hohe Anforderungen an sich selbst stellen, leistungsorientiert und stark von der Einschätzung der Umwelt abhängig sind, treten die Spannungsknoten im Bauch bei tief unterdrückten Gefühlen wie Angst vor Verlassenwerden, Angst vor Ablehnung und Einsamkeit auf.

Migräne ist ein schwerer, starker Kopfschmerz, der oft halbseitig auftritt. Migräneanfälle können jemanden vollständig aus dem Verkehr ziehen. Es besteht hohe Lichtempfindlichkeit, man muß sich in ein abgedunkeltes Zimmer zurückziehen. Ein Migräneanfall geht oft mit Erbrechen und Durchfall einher, und der Anfall kann mehrere Stunden oder sogar Tage andauern.

Im Gegensatz zu dem vorher beschriebenen Spannungskopfschmerz verengen sich beim Migräneanfall die Gefäße nicht, sondern sie erweitern sich sehr stark. Menschen, die unter Migräne leiden, haben immer, wenn vielleicht auch nur in Teilbereichen ihres Gefühlslebens, unterdrückte Aggressionen gegen enge Beziehungspartner (Eltern, Lebenspartner). Louise Hay und Thorwald Dethlefsen gehen in ihren Interpretationen noch weiter und weisen auf unterdrückte sexuelle Gefühle der Migränekranken hin: »Der Migräneanfall ist ein Orgasmus im Kopf. Der Ablauf ist identisch, lediglich der Ort liegt höher. So wie bei sexueller Erregung das Blut in den Genitalbereich fließt und die Spannung im Höhepunkt in die Entspannung umschlägt, verläuft auch die Migräne: Blut strömt in den Kopf, es entsteht eine Druckgefühl, die Spannung steigert sich und schlägt um in die Entspannungsphase.« Hay empfiehlt Migränekranken zu masturbieren (111).

Stirnhöhlenentzündungen haben mit unterdrücktem Ärger zu tun, der sich in der Regel auf jemanden aus der unmittelbaren Nähe bezieht.

- Heilende Farben: Grün, Blau, Gold.

Herz- und Kreislauferkrankungen

Schon im siebzehnten Jahrhundert entdeckte der englische Arzt William Harvey, daß das Herz durch Gefühle beeinflußt wird: »Jede Affektion des Geistes, die von Schmerz oder Freude, Hoffnung oder Furcht begleitet wird, ist die Ursache einer Erregung, die sich auf das Herz auswirkt.« (112)

Volkstümliche Redewendungen weisen ebenfalls auf Reaktionen des Herzens auf Gefühle hin. Eine schwere Enttäuschung kann jemandem »das Herz brechen«, das Herz kann vor »Angst stehen bleiben«, es kann aber auch »vor Freude in die Luft springen« und sowohl vor Freude als auch vor Schreck »bis zum Halse schlagen«.

Herz- und Kreislauferkrankungen sind statistisch die häufigsten Erkrankungen und verursachen die meisten Todesfälle in den westlichen Industrieländern. In den USA hat sich die sehr hohe Sterberate durch Herz- und Kreislauferkrankungen um mehr als 10 Prozent gesenkt, nachdem die Öffentlichkeit in großen Kampagnen auf die Faktoren hingewiesen wurde, die solche Erkrankungen auslösen können.

Eine Kombination von mehreren belastenden Faktoren wie Streß, ungesunde Ernährung, Rauchen, übermäßiger Alkoholgenuß, mangelnde körperliche Betätigung und andere schädliche Lebensgewohnheiten werden als wichtigste Risikofaktoren für die Entstehung von Herzerkrankungen angesehen. Mangel an menschlicher Nähe ist einer der Streßfaktoren, die Herz- und Kreislauferkrankungen begünstigen können. Haustiere erfüllen in diesem Zusammenhang eine wichtige Ersatzfunktion. Wissenschaftler stellten fest, daß das Streicheln und Sich-mit-Haustieren-Beschäftigen die Pulsfrequenz verringert und den Blutdruck senkt.

Kreislauf- und Herzstörungen weisen auf einen chronischen und übertriebenen Selbstschutz hin. Der Hypotoniker (Blutniederdruck) hat eine Tendenz, sich Problemen nicht zu stellen, ihnen auszuweichen, während der Hypertoniker (Bluthochdruck) sich selbst ständig unter Druck (Leistungsdruck), Erfolgszwang und Selbstkontrolle setzt. Hypertoniker weichen Konflikten durch Überaktivität aus, sie sind ständig beschäftigt; und ihre Arbeiten müssen erledigt werden. Diese Menschen fliehen ins Handeln. Bluthochdruck ist eine sehr häufige Erscheinung bei den sogenannten »workaholics«. In England gibt es neben den Anonymen Alkoholikern und den Emotional Anonymus auch Selbsthilfegruppen, die sich mit den Problemen von Spielernaturen, Rauchern, aber auch mit den Problemen der Workaholics beschäftigen. Die »Fragen Sie Frau Vera«-Spalten in englischen Magazinen und Frauenzeitschriften sowie Fernsehsendungen beschäftigen sich ständig mit diesem Thema.

Herz- und Kreislauferkrankungen verursachen immer noch die meisten Todesfälle in England.

Bluthochdruck ist eine »günstige« Voraussetzung für einen Herzinfarkt. Der Stau der unterdrückten aggressiven Energien beim Hypertoniker »entlädt sich beim Herzinfarkt: Es zerreißt ihm das Herz. Der Herzschlag ist die Summe aller nicht ausgeteilten Schläge«.

Menschen, die unter Spannungen in der Herzregion leiden, versuchen ihr Herz und die Herzensgefühle mit einem Schutzpanzer zu umgeben. Sie wollen ihre tiefen Gefühle (Herzensgefühle) nicht zulassen, nicht herauslassen, um keine weiteren Verletzungen dieser Gefühle zu erfahren.

Solchen Menschen fällt es schwer, jemanden in ihr Herz zu schließen, d. h., sich für jemanden zu öffnen und sich mit ihm gefühlsmäßig einzulassen. Die Angst vor Offenlegung der Gefühle zwingt diese Menschen, sich einen sie letztendlich zerstörenden Schutzpanzer zuzulegen.

Menschen mit Herzproblemen werden durch die Krankheit gezwungen, sich wieder auf ihr Herz zu konzentrieren.

Das Herz ist das Zentrum des Körpers, und das Herz-Chakra ist dementsprechend auch das mittlere Chakra. Ihm werden als einzigem Chakra drei Farben zugewiesen: Grün (die Farbe des Ausgleichs und der Balance), Rosa (die Farbe der Weisheit) und Gold (die Farbe der unendlichen Liebe). Alle Störungen im Bereich des Herzens werden auch am besten mit diesen drei Farben behandelt.

Der Rhythmus des Herzschlags unterliegt nicht unserer willkürlichen Kontrolle; den Rhythmus des Atems können wir dagegen bewußt steuern. Wir können schneller oder langsamer atmen und Atemübungen durchführen.

Tiefe Atemübungen (-züge) entspannen das Zwerchfell und den Körper. Der Erfolg kann mit dem Einatmen von Farben verstärkt werden.

■ Heilende Farben: Grün, Blau, Rosa, Rot, Gold.

Krankheiten der Verdauungs- und Ausscheidungsorgane

Zu den Verdauungs- und Ausscheidungsorganen gehören die Zähne, der Magen, die Bauchspeicheldrüse, die Leber, die Galle, der Darm und die Nieren. Symbolisch gesehen, haben Erkrankungen der Verdauungsorgane auch immer damit zu tun, daß der betreffende Mensch sein Leben nicht richtig »verdaut«. Das entspricht sowohl den physischen Verdauungsvorgängen als auch den psychischen und gedanklichen »Verdauungsvorgängen«. In der körperlichen Verdauung werden die stofflichen Substanzen, die wir zu uns nehmen, verdaut; d. h. zur Verwertung, Ernährung und Aufrechterhaltung der Körperfunktionen verwendet. Das, was für den Körper ohne Nährstoffe ist, wird wieder ausgeschieden. Störungen in jedem einzelnen dieser Bereiche weisen auf Störungen in der Verarbeitung der persönlichen Lebensituation hin.

Schon Geschmacksvorlieben bei Speisen lassen auf bestimmte Persönlichkeitstypen schließen.

- Süße Typen, diejenigen, die vorwiegend süße Nahrung bevorzugen, sind Menschen, die Liebe suchen. Liebe und Süßigkeit gehören eng zusammen;
- diejenigen, die gerne herzhaft bis zu scharf gewürzt essen, sind Menschen, die an neuen Dingen interessiert sind, denen Veränderungen und Erneuerungen keine Angst einflößen, sondern die daran wachsen;
- sehr konservative Menschen essen gerne konservierte Nahrung und Geräuchertes;
- diejenigen, die Schonkost mit nur wenig Gewürzen bevorzugen, sind Menschen, die auch vom Leben schonend behandelt werden wollen, sie weichen Konflikten und Problemen gern aus;
- saure und salzige Speisen werden von denjenigen bevorzugt, die geistig arbeiten;

- Menschen, die Konflikte scheuen, essen gern weiche Speisen, z. B. Puddings, Cremetorten, Suppen etc.;
- diejenigen hingegen, die sich durchs Leben und durch-Konflikte durchbeißen, essen gern Rohkost, die von den Ausweichlern vermieden wird (113).

Die *Zähne* zeigen unsere Vitalität, unsere Lebenskraft. Schlechte Zähne weisen demnach auf Störungen in dieser Lebenskraft hin, dasselbe gilt für die Nieren. Zahnschmerzen und Infektionen weisen auf aufgeschobene Entscheidungen hin, nächtliches Zähneknirschen – ebenso wie das Nägelbeißen – gilt bei Psychotherapeuten als neurotische Störung. Beide Symptome weisen auf starke, nicht ausgelebte, unterdrückte Aggressionen hin.

Nach der ersten Stufe im Verdauungsprozeß, des Kauens, des Zerkleinerns, wird die Nahrung in den *Magen* weitergeleitet. Der Magen hat hauptsächlich die Funktion des Aufnehmens und der Vorbereitung auf die weitere Verdauung durch die Magensäure. Diese Säure wird im Magen gebildet. Sie greift die Nahrung dort an und zersetzt sie – ein aggressiver Prozeß. Magenkranke haben immer Probleme mit unterdrückter Aggression. Sie schlucken ihren Ärger lieber hinunter. Dadurch summiert sich das emotionale »Sauersein« als überschüssige Magensäure, die dann in Geschwüre umschlägt und die Magenwände angreift. Magenkranke äußern ihre Aggressionen entweder gar nicht oder sie zeigen eine übertriebene Aggressivität. Beide Verhaltensweisen haben aber den gleichen Ursprung: Der Magenkranke setzt sich nicht mit seinen Problemen, Konflikten und Aggressionen positiv auseinander. Ihm fehlen das für eine eigenständige, selbstbewußte Konfliktbewältigung nötige Selbstvertrauen und ein Geborgenheitsgefühl. Die Aggressivität des Kauens ist schon eine schwierige Sache, da der Magenkranke ein Mensch ist, der sich keinen Konflikt leisten will. Der Darm repräsentiert unsere Fähigkeit, Gefühle, alte

Strukturen etc. loszulassen, das, was wir nicht mehr brauchen. Unser Körper braucht, wenn er sich im perfekten Rhythmus befindet und das Leben im Fluß ist, den Wechsel von Neuem, Verarbeitung und Ausscheidung. Wer diesen ständigen Wechsel und damit die ständige Entwicklung beeinträchtigt, behindert oder unterbricht, erfährt ebenso Einschränkungen im Wohlbefinden des Körpers.

Im Darm geschieht die eigentliche Verdauung der Nahrung. So wie das Gehirn die nichtstofflichen Eindrücke verwertet und verdaut, verwertet und verdaut der Darm die stofflichen »Eindrücke«. Insbesondere Probleme mit dem Dünndarm (Durchfall) weisen auf Existenzängste, aber auch auf übertriebenes Analysieren und übersteigerte Kritik hin. Eine zu starke Betonung des Auswertens und Verwertens deutet immer auf Angst, Existenzangst hin. Dahinter steht die Angst, nicht genug zu kriegen, nicht genug herausholen zu können, die Angst zu »verhungern«.

In den Bereich des Dickdarms fällt die Verstopfung. Hier ist die Verdauung bereits schon beendet, dem unverdaulichen Rest wird nur noch das Wasser entzogen. Es ist eine altbekannte Tatsache in der psychosomatischen Medizin, daß Menschen mit chronischer Verstopfung nicht hergeben können, nicht abgeben können. Verstopfung ist ein Zeichen des Geizes. Menschen mit Verstopfung lassen alte Beziehungen nicht los, halten noch an alten, längst überholten Strukturen fest. Verstopfung symbolisiert die Angst, unbewußte Inhalte ans Tageslicht kommen zu lassen.

Die *Bauchspeicheldrüse* gehört auch zum Verdauungsbereich mit zwei wesentlichen Aufgaben: Sie produziert einmal Verdauungssäfte und zum anderen das Insulin. Eine zu geringe Insulinproduktion führt zum Diabetes. Eine Schwäche der Bauchspeicheldrüse weist auf Probleme der Liebesfähigkeit des Menschen hin. Süßes steht als Ersatz für Liebe, für die Süße des Lebens. Liebe kann nur aufgenommen werden von demjenigen, der auch Liebe geben kann.

Süßes wird verzehrt als Ersatz für das Süße im Leben, welches fehlt und vom Diabetiker körperlich nicht angenommen, nicht vertragen werden kann. Der Teufelskreis schließt sich: Das, was als Ersatz für fehlende Lebensnahrung in physischer Nahrung zu sich genommen wird, kann vom Körper nicht verarbeitet werden. Der Diabetiker nimmt seine ungelösten Konflikte nicht an und akzeptiert sie nicht. Er versucht, seine Bedürfnisse in Form von Ersatz (Süßes) zu befriedigen. Der Körper verweigert ihm eine gesunde Verwertung, so daß er auf seine Ersatznahrung zu verzichten hat.

Die *Leber* ist eines der größten Organe mit sehr vielseitigen Funktionen. Die Leber regelt u. a. die Energiespeicherung, Energieproduktion, den Eiweißstoffwechsel und die Entgiftung des Körpers. Erkrankungen der Leber lassen auf Probleme mit Wertung und Bewertung schließen. Hier sitzen Ärger, Wut, Haß, die primitiven Gefühle.

Menschen mit Leberproblemen sind oft diejenigen, die sich ständig beschweren (das gilt auch für die tieferliegenden Ursachen von Arthritis). Sie suchen immer die Fehler bei anderen und belügen und betrügen sich damit selbst.

- Heilende Farben: Grün, Blau.
- Leber: Grün.
- Verstopfung: Gelb.
- Blähungen: Gelb.
- Durchfall: Blau, Indigo.

Die *Nieren* sind Ausscheidungsorgane von Abbauprodukten des Stoffwechsels sowie körperfremder Stoffe. Sie regeln den Salz- und Wasserhaushalt unseres Körpers und sorgen für das Gleichgewicht von Säuren und Basen. Störungen und Erkrankungen der Nieren weisen auf Probleme mit Partnerbeziehungen hin, d. h. grundsätzlich auf die Art und Weise, mit der wir anderen Menschen begegnen. Dieser

Grundsatz gilt auch bei Erkrankungen der anderen paarig angelegten Organe, wie z. B. Lunge, Hoden und Eierstöcke. Sie alle haben einen Bezug zu Problemen aus den Bereichen Kontakt und Partnerschaft. Die Lungen repräsentieren dabei den generellen Kontakt- und Kommunikationsbereich, die Hoden und Eierstöcke die Sexualität, die Nieren den direkten, unmittelbaren, engen Kontakt zwischen den einzelnen Menschen.

Probleme mit den Nieren weisen auch auf übermäßige Kritik am Partner hin. Solche Schwierigkeiten hängen oft mit Enttäuschungen über den Partner, Versagensgefühlen und Scham zusammen. Man reagiert ähnlich wie ein kleines Kind auf Enttäuschung und Versagungen.

Unser Weg ist es, zu einem größeren, weiteren und tieferen Bewußtsein zu gelangen, d. h., uns unterdrückter, verdrängter Seiten, unserer Schattenseiten, bewußt zu werden und sie zu akzeptieren und in unser Leben zu integrieren. Deshalb lösen wir unsere Schattenseiten in Krankheit ein, damit sie uns bewußt werden und wir mit ihnen arbeiten können.

■ Heilende Farben: Gelb, Blau.

Krankheiten des Bewegungsapparates

Unsere Arme stehen für die Fähigkeit anzupacken, das Leben anzupacken, aber auch das Leben zu umarmen; die Erfahrung, die uns das Leben bringt, anzunehmen, aufzunehmen, zu umarmen und zu akzeptieren.

Probleme mit den *Fingern* zeigen, daß wir an alten, überholten Gefühlen festhalten und nicht loslassen können.

Unsere *Wirbelsäule* ist die Stütze des Körpers, sie trägt uns. Probleme mit der Wirbelsäule haben damit zu tun, daß wir uns nicht genug unterstützt fühlen. Probleme mit dem oberen Teil des Rückens deuten auf »fehlende« emotionale Unterstützung hin. Wir erwarten von unseren Partnern (Eltern, Ehepartnern, Kindern) mehr emotionalen Beistand. Probleme im mittleren Bereich der Wirbelsäule hängen mit Schuldgefühlen zusammen. Sie symbolisieren die Probleme, die wir in den Hintergrund gedrängt und von uns weggeschoben haben.

Probleme mit dem unteren Rückenbereich weisen auf Erschöpfung oder auch auf Unsicherheit im Alltag hin, wie z. B. finanzielle Sorgen.

Unsere *Beine* tragen uns im Leben vorwärts. Probleme mit den Beinen weisen deshalb oft darauf hin, daß jemand Angst vor dem Vorwärtsgehen hat oder zumindest Abneigung oder Widerwillen gegen diesen Schritt nach vorne oder einen Schritt in eine bestimmte Richtung hat.

Krampfadern verraten, daß wir an einem Platz in unserem Leben stehen, an dem wir nicht stehen wollen, den wir ablehnen. Die Venen transportieren mit dem Blut Lebensfreude und Fröhlichkeit, Krampfadern weisen darauf hin, daß die Adern diese Fähigkeit, Freude und Fröhlichkeit durch den Körper zu transportieren, verloren haben (114).

Die *Knie* und der *Nacken* haben beide mit Flexibilität zu tun. Wenn sie steif sind, repräsentieren beide unseren Stolz, unser Ego und unseren Eigensinn, Starrheit und Dickköpfigkeit, aber auch Selbstgerechtigkeit. Wenn wir uns im Leben vorwärts bewegen, geschieht das oft nicht mit der nötigen Freiheit und Fröhlichkeit. Dieser Mangel schlägt sich dann in unseren physischen Bewegungen nieder. Die oben genannten negativen Gefühle spiegeln sich besonders in den Gelenken wider.

Unsere *Füße* repräsentieren unsere Fähigkeit, mit beiden Beinen im Leben zu stehen, unser Verständnis vom Leben und von uns selbst.

■ Heilende Farben: Rot, Blau, Gelb.

Krankheiten der Sexualorgane

Unsere Sexualorgane sind wie die Haut ein Ausdruck unserer Individualität. Sie sind nicht nur Fortpflanzungs- und Ausscheidungsorgane, sondern haben auch den Zweck, uns Freude zu schenken.

Prostata-Probleme bei Männern resultieren aus einem gestörten Selbstwertgefühl, besonders bei älteren Männern, die sich mit zunehmendem Alter als Mann weniger wert fühlen. Impotenz hängt mit der Angst zusammen, seinen Gefühlen freien Lauf zu lassen, kann aber auch aus Haßgefühlen gegenüber einem früheren Partner auftreten. Frigidität resultiert aus der Angst, daß es falsch sei, die sexuellen Freuden des Körpers zu erleben, und hängt mit dem Widerwillen bis hin zur Abscheu gegen sich selbst zusammen.

Die tiefere Ursache für Geschlechtskrankheiten sind tiefsitzende sexuelle Schuldgefühle. Jemand mit einer Geschlechtskrankheit kann mit verschiedenen Partnern Verkehr haben, anstecken wird er jedoch nur diejenigen, deren geistiges und emotionales Abwehrsystem schwach ist (115).

- Heilende Farben: Rot, Orange, Grün.

Infektionskrankheiten, Unfälle

Infektionskrankheiten

Infektionskrankheiten haben immer mit unterdrücktem, unbewußtem Ärger zu tun. Deswegen schneiden wir uns – verletzen uns selber –, und unsere Wunden infizieren sich. Die Röte von Infektionskrankheiten weist immer zumindest auf Irritationen hin, das gilt ebenso für Fieber, Abszesse und alle Formen von Entzündungen.

Entzündungen sind angesammelter Ärger, der sich auf diesem Wege Luft macht. Entzündungen sind Krieg im Körper, im wahrsten Sinn des Wortes. Den Krieg, den wir nicht mit denjenigen ausfechten, die ihn hervorrufen, handeln wir dann nach innen mit uns selbst aus: Eine gefährlich werdende feindliche Übermacht (die Erreger: Bakterien, Viren, Giftstoffe) wird vom Abwehrsystem des Körpers angegriffen und bekämpft. Diesen inneren Krieg erfahren wir dann als Rötung, Schwellung, Schmerz und Fieber. Das Fieber ist im wahrsten Sinn des Wortes das Kampfgefecht zwischen den unterschiedlichen Kriegern: Abwehrsystem und Angreifer. Gewinnt das Abwehrsystem, sterben die Erreger und der Mensch wird gesund, gewinnen die Erreger, stirbt der Mensch.

Spirituelle Menschen glauben oft, daß sie nicht ärgerlich oder wütend sein sollten. Das stimmt natürlich in der Theorie, aber es dauert eine sehr lange Zeit, bis man diesen Punkt erreicht hat.

Gefühle von Ärger zu unterdrücken ist nicht nur unehrlich sich selbst gegenüber, das schadet auch der Gesundheit.

Man belügt sich selbst aus Angst oder weil man sich als spirituell weiterentwickelt sehen – oder gesehen werden – will, als man wirklich ist.

Unfälle

Ganz im Sinne der Polaritäten ist jeder Täter und Opfer in einer Person. Wenn Krankheiten der nicht ausgelebte, als negativ bestimmte und damit unterdrückte Teil der eigenen Persönlichkeit sind, dann trifft das auch auf Unfälle zu. Dethlefsen verweist im Falle von Unfällen mit Feuer auf die Verbindung zu Liebe und Sexualität (116).

Untersuchungen in England wiesen nach, daß bei Zugunglücken etwa ein Drittel der Menschen, die jeden Morgen regelmäßig denselben Zug zur Arbeit nehmen, aus ihnen in der Regel selbst unbekannten Gründen am Unglückstag eben diesen Zug nicht benutzt hat. Dasselbe trifft auf Flugzeugunglücke zu. Ebenfalls etwa ein Drittel der Flugpassagiere änderte die Buchung ohne sichtbaren Grund und entging so einem Flugzeugabsturz.

Unfälle sind immer eine Form der Zwangsbelehrung, denn Probleme werden von den betroffenen Menschen nicht bewußt angepackt und gelöst. Man schiebt sie auf, schiebt sie vor sich her. Ein Unglück erzwingt dann das Nachdenken und daß man sich mit sich selbst beschäftigt.

■ Heilende Farben: Grün, Blau.

Allergien

Allergien sind eine Reaktion auf einen als feindlich erkannten Stoff. Sie entstehen durch immunogene Substanzen (Allergene), die der Körper als Reaktion auf Antigene gebildet hat. Wenn der Körper wieder in Kontakt mit diesen Substanzen kommt, reagiert er mit krankhaften Erscheinungen, mit einer Allergie. Die Reaktion eines allergischen Körpers ist abweichend von der Norm. Eine normalerweise sinnvolle Verteidigung gegen feindliche Substanzen ist hier weit übertrieben. Der Körper hat bestimmte Stoffe als feindlich erklärt, die von einem gesunden Körper nicht als bedrohlich und feindlich wahrgenommen werden. Es gibt jedoch keinen Feind außer dem, den wir dazu erklärt haben, d. h. der Allergiker hat sein körperliches Feindbild unnötigerweise erheblich erweitert.

Allen körperlichen Reaktionen liegen geistige und emotionale Strukturen zugrunde. Das Muster ist bei Allergikern, daß sie mit ihrer eigenen unbewußten Aggression nicht umgehen können und diese sich deshalb körperlich ausdrückt. Aggression ist in der Regel ein Abwehrmechanismus als Folge von Angst.

Abwehren heißt: nicht heranlassen. Der Gegensatz zur Abwehr ist hereinlassen, aufnehmen und akzeptieren, d. h.

lieben. Liebe kann aus den unterschiedlichsten Positionen und Wahrnehmungen heraus definiert werden, sie läßt sich jedoch immer wieder auf das Grundverhalten des Hereinlassens zurückführen. Mit der Liebe zu jemanden oder zu etwas läßt der Mensch herein, was bisher außerhalb war.

Eine Allergie ist die Abwehr auf der körperlichen Ebene gegen »äußere« Erreger, Feinde oder Gifte, die aber als Symbol für innere Erreger und Feinde stehen.

Die symptomauslösenden Substanzen – Nahrungsmittel, Pollen, Staub, Kosmetika, Tierhaare, Medikamente und vieles andere – werden vom Körper des Allergikers als Krankheitserreger definiert und wahrgenommen. Der Körper produziert deshalb wie bei einer Krankheit Antikörper. Viele Allergiker bringen eine familienbedingte Disposition für Allergien mit, es gibt aber auch Personen, deren Verwandte alle an Allergien leiden, nur sie nicht. Die Disposition ist also nicht das Entscheidende. Allergien treten fast immer in Streßsituationen auf, d. h. in Lebenssituationen, die für den Allergiker als Streß definiert und erlebt werden.

- Heilende Farben: Grün, Orange, Blau.

Methoden der Farbtherapie und Heilverfahren

Farbenaufnahme durch die Nahrung

In Krankheitsfällen ist die Aufnahme von entsprechenden Farben mit der Nahrung besonders wichtig. Die Nahrungsmittel sollten dann aber nur in rohem, nicht in gekochtem Zustand zu sich genommen werden, da durch das Kochen ein Teil der Wirkung der Farben verlorengeht.

Blau und Blaugrün sind die Komplementärfarben von Rot, Orange und Gelb. Sie besitzen also auch die Ergänzungskräfte. Bei Erkältungskrankheiten, die sich durch blaue Farbtöne ausdrücken, verwendet man die Gegenfarbe Rot zur Behandlung.

Bei allen Fieber-Erkrankungen hingegen sowie bei Blutandrang, bei jeder Krankheit, die Hitze als Begleiterscheinung hat und wenn sich die Krankheit durch Rot ausdrückt, behandelt und nimmt man vorwiegend Nahrung, bestehend aus den kühlenden und hemmenden Blautönen: Blau, Violett, Blaugrün, zu sich.

Bestrahlung mit der Eigenfarbe

Die heilende Wirkung der Farben kann noch verstärkt werden, indem man die Nahrung vor dem Essen ca. 20 bis 30 Minuten lang mit ihrer Eigenfarbe bestrahlt.

Diese Bestrahlung verstärkt die Wirkung der Lebensmittel, sie sollten allerdings auch unmittelbar nach der Bestrahlung gegessen werden (siehe »Mit Farben bestrahlen«, gegenüberliegende Seite).

Farbenaufnahme durch Trinken

Mit Farben bestrahltes Wasser hat ebenfalls einen unterstützenden Heileffekt. Man bestrahlt das Wasser in der benötigten Farbe ca. 15–30 Minuten lang und trinkt es dann gleich anschließend. Bei härterem Leitungswasser sollte die Bestrahlung 30 Minuten dauern.

Mit Farben baden

Baden in Wasser mit der entsprechenden Farbe kann entweder anregend oder beruhigend und entspannend wirken. Das ist abhängig von der Farbe, in der man badet.

Die Öle, die zur Aromatherapie genommen werden (117), können gut in das Badewasser gegeben werden. Die Farbschwingung der Öle hängt ab von der Farbschwingung der Blüten, aus denen die Öle gewonnen wurden. Wurden Sie aus den Blättern der Pflanzen gewonnen, ist die Farbschwingung grün. Zusätzlich zu der heilenden Wirkung der entsprechenden Farbschwingung haben alle aromatischen Essenzen antiseptische und bakterientötende Eigenschaften. Einige dieser Essenzen haben auch antibiotische Eigenschaften und sind gegen Viren wirkungsvoll, wie z. B. Knoblauch. Die Öle der Aromatherapie haben ebenfalls keine Nebenwirkung, unterstützen das Gewebe und sind machtvolle Angreifer gegen körperfremde Eindringlinge.

Das Badewasser kann aber auch während des Badens in der entsprechenden Farbe bestrahlt werden. Die Bestrahlung sollte nicht länger als jeweils 30 Minuten dauern.

Farb-Sonnenbad

Zur Unterstützung der Behandlung kann man zusätzlich ein »Farb-Sonnenbad« mit der entsprechenden Farbe nehmen. In diesem Falle wird der ganze Körper, am besten nackt, mit der entsprechenden Farbe bestrahlt. Das kann mit mehreren Farblampen geschehen. Die Dauer sollte 20 Minuten täglich nicht überschreiten; bei Rot nicht länger als 10– 15 Minuten bestrahlen.

Mit Farben bestrahlen

Farbbestrahlungen können gut zu Hause durchgeführt werden. Man kauft Glühbirnen in den Farben Rot, Orange, Gelb, Grün, Blau, Violett, Gold und eine Lampe mit einem beweglichen Arm (Bürolampe) und bestrahlt die erkrankten Stellen mit der entsprechenden Farbe (siehe Lexikon). Die Dauer der Bestrahlungen ist unterschiedlich. 5–20 Minuten 2–3mal täglich reichen für die ersten 2– 3 Tage. Dann kann man Zeit und Häufigkeit erhöhen. Wichtig ist, daß man bei eventuell auftretendem Unwohlsein, bei Gereiztheit etc. die Dauer der Bestrahlung zunächst nicht verlängert. Mit etwas Erfahrung und Übung wird man so sensibel, daß der Körper nach der Farbe verlangt, die er benötigt, d. h. plötzlich fehlt einem die Farbe, etwa so, wie einen plötzlich Heißhunger nach einer bestimmten Speise überfällt.

Mit Grün kann als einziger Farbe unbegrenzt bestrahlt werden. Rot hingegen ist eine Farbe, mit der man sehr vorsichtig umgehen muß. Zuviel Rot-Bestrahlung kann irritieren und nervös machen. Violett muß auch mit Vorsicht angewandt werden, zuviel kann zu Kopfschmerzen und Unruhe führen.

Gut und wirksam sind die Mischfarben wie Orange (Rot und Gelb), Grün (Blau und Gelb) und Violett (Blau und Rot), da sie den Heilungseffekt beider Komplementärfarben in sich vereinigen, aus denen sie sich zusammensetzen. Wenn Rot nicht vertragen wird, kann man mit Orange bestrahlen, dasselbe gilt für Blau und Gelb: Bestrahlen mit Grün ist dann die Antwort.

Farbbestrahlungen haben eine sehr starke Wirkung auf die Haut, aber auch auf die tieferen Schichten des Körpers. Herzbestrahlungen mit Rosa oder Grün z. B. beruhigen das Herz spürbar. Darmbestrahlungen mit Gelb z. B. führen innerhalb kurzer Zeit bei Verstopfung im wahrsten Sinne zur Toilette; Kopfbestrahlungen mit Blau bei Gehirnerschütterung z. B. mildern das Anschwellen und Verfärben des Kopfes.

Bei Erkältungen z. B. können Sie sich abends ausruhen, ein Buch lesen und Ihren Kopf gleichzeitig mit Blau bestrahlen. Dasselbe gilt bei körperlicher Erschöpfung, zur Anregung der Lebensgeister, wo Sie mit Rot oder Orange bestrahlen.

Im Falle von seelischer Erschöpfung hilft Violett. Sie können Ihre Briefe schreiben und sich zur gleichen Zeit anregen (Rot oder Gelb) oder entspannen (Grün oder Blau).

Farbbestrahlungen, Farbernährung und Farbbaden wirken vorwiegend – aber nicht nur im körperlichen Bereich. Die anderen Behandlungsmethoden wie Farben visualisieren, einatmen und mit Farben meditieren wirken zwar auf den Körper ein und unterstützen die erstgenannten Behandlungsmethoden, darüber hinaus nehmen sie aber intensiv auf unsere Gefühle, Seele, Geist und Bewußtsein Einfluß. Dadurch werden notwendige Veränderungen in diesen Bereichen begonnen, unterstützt und vorangetrieben.

Wenn die Chakren gezielt bestrahlt werden, regen Sie ganz besonders die Aktivität der Chakren an und beeinflussen dadurch die von den Chakren gesteuerten Drüsen. Sie können mit den Bestrahlungen die Chakren sowohl anregen als auch beruhigen. Wenn Sie die Chakren mit der Eigenfarbe oder mit Rot, Orange oder Gelb bestrahlen, regen Sie die Aktivität an, bestrahlen Sie mit der Komplementärfarbe oder mit Grün, Blau, Indigo und Violett, entspannen und beruhigen Sie das jeweilige Chakra (siehe »Lexikon der Krankheiten und deren Farbtherapie«, Seite 189).

Farben visualisieren

Setzen Sie sich an einen ruhigen Platz, beantworten Sie das Telefon nicht, oder noch besser, hängen Sie es aus. Entspannen Sie sich, und führen Sie tiefe Atemübungen durch: zehnmal tief einatmen, bis in den unteren Bauchraum. Dann verfolgen Sie den Weg des Atems bewußt, wie er in den Bauch hineinfließt. Versuchen Sie, den Atem im Bauch zu halten und dabei mindestens bis 4 zu zählen. Wenn Sie das Einatmen beherrschen, verfolgen Sie jetzt auch das Ausatmen bewußt. Die Luft tief einatmen und bewußt wieder ausatmen; verfolgen Sie dabei den Weg des Atems. Wiederholen Sie diese Übung 10– 15 mal. Wenn Sie nun den Rhythmus des Atmens kennen und das langsame und tiefe Atmen beherrschen und automatisch durchführen können, werden Sie sich ruhig und entspannt fühlen. Konzentrieren Sie sich nun nicht mehr auf das Atmen, sondern visualisieren Sie Farben. Beginnen Sie mit der Farbe am oberen Rand des Regenbogens, mit Rot. Visualisieren Sie eine rote Wolke vor Ihnen, entweder an der Wand oder im Raum. Probieren Sie dann, ob Sie weitere andersfarbige Wolken, z. B. Blau, visualisieren können. Gehen Sie dabei ruhig in der Reihenfolge der Regenbogenfarben vor: Rot, Orange, Gelb, Grün, Blau, Violett. Welche Farben zu visualisieren fällt Ihnen leicht, welche schwer, und welche Farben können Sie überhaupt nicht visualisieren? Beobachten Sie, wie leicht oder schwer es Ihnen fällt, die jeweilige Farbe zu visualisieren.

Die Farben, die Ihnen schwerfallen zu visualisieren, werden Ihnen in Ihrer Persönlichkeit und damit in Ihrem Bewußtsein wahrscheinlich fehlen. Deshalb gelingt es Ihnen nicht, sich auf diese Farbschwingung einzustimmen. Es ist aber sehr wichtig, daß Sie sich gerade mit diesen, für Sie sehr schwer zu visualisierenden Farbschwingungen intensiv beschäftigen. Finden Sie heraus, warum es Ihnen schwerfällt und was Sie gegen die jeweilige Farbe haben. Denken Sie daran, daß das Nachspüren Ihnen Auskunft über Ihre eigenen tieferen Bedürfnisse und Probleme gibt und daß Sie dabei lernen, sich selbst zu akzeptieren. Schreiben Sie Ihre Plus- und Minuspunkte für und gegen die Farben auf, ohne ihre Bedeutung im Text nachzusehen. Spüren Sie zunächst Ihren eigenen Gefühlen nach, lernen Sie, Ihre eigenen Gefühle herauszufinden, zu benennen und zu definieren, und lesen Sie erst dann nach, was hier im Buch zu den jeweiligen Farben gesagt wird.

Es wurde hier von vielen Seiten die Bedeutung von Farben in Kultur, Gesellschaft, Gesundheit, Psychologie und Seele beschrieben und erklärt. Beginnen Sie nun mit einem neuen Verständnis und Selbstvertrauen, mit diesen Farben zu experimentieren. Ihr Wohlbefinden wird sich steigern. Ihre Selbstkenntnis und -erkenntnis werden sich wesentlich erweitern, Sie werden insgesamt entspannter und gelassener. Ihre Aura wird sich vergrößern und stärker werden, die Chakren werden aktiver arbeiten und dadurch die Drüsen- und Hormontätigkeit anregen. Die Zellatmung wird sich verbessern, zum einen durch die Atemübungen, zum anderen durch die Farbvisualisierung, Einatmung und das bewußtere Aufnehmen von Farben, nicht zu vergessen die Farbmeditationen.

Wenn Sie sich gerade mit den Farben, die Ihnen schwerfallen, meditativ beschäftigen, versuchen Sie, für sich selbst herauszufinden, was Ihnen fehlt. Schwierigkeiten mit Rot weisen fast immer auf mangelnde Lebensfreude und Vitalität hin; Schwierigkeiten mit Gelb auf mangelnde intellektuelle Anregung und Angst vor Neuem; Schwierigkeiten mit Grün auf fehlende Ausgeglichenheit; Schwierigkeiten mit Blau auf Kommunikationsmangel (tiefe, nicht oberflächliche Kommunikation); Schwierigkeiten mit Violett auf mangelnde spirituelle »Ernährung«.

Achten Sie auch auf den Farbton, den sie visualisieren oder einatmen. Dunkle und unklare Farben weisen auf Unklarheiten in den Bereichen hin, die die Farben symbolisieren.

Wenn Sie nun mit den Farbwolken, die Sie visualisiert haben, vertraut sind, spazieren Sie einfach in diese Farbwolken hinein, so daß Sie von den Farben umgeben sind. Versuchen Sie nun herauszufinden, wie Sie sich in der jeweiligen Farbwolke fühlen, was Ihnen die Farbe gibt.

Fühlen Sie den Unterschied in den verschiedenfarbigen Wolken. Wenn Sie die Farben sehen oder spüren, sind Sie »drin«.

Farben einatmen

Beginnen Sie wieder mit den Atemübungen (wie in »Farben visualisieren« beschrieben), und fangen Sie damit an, die Farbe Rot einzuatmen: Visualisieren Sie, wie die Farbe durch die Luftröhre geht, durch das Zwerchfell, Solarplexus (Sonnengeflecht), den Bauchraum; halten Sie dann die Atmung an, und atmen Sie das Rot wieder langsam und bewußt heraus. Probieren Sie so lange, bis es geht, und beginnen Sie dann mit einer anderen Farbe. Stellen Sie fest, welche Farbe Ihnen schwer- oder leichtfällt einzuatmen.

Die Effekte der Farben auf den verschiedenen Ebenen wirken ganz besonders, wenn wir jede Form von Therapie mit dem Einatmen der Farben unterstützen. Das beschleunigt den Heilungsprozeß wesentlich.

Vergleichen Sie hier Ihr »inneres« Farbempfinden mit Ihrem »äußeren« beim Visualisieren der Farben. Haben Sie bei denselben Farben »innerlich« und »äußerlich« Schwierigkeiten? Je entspannter Sie sind, desto leichter fallen Ihnen diese therapeutischen Übungen. Sie werden beobachten, daß man Grün leicht visualisieren und einatmen kann, wenn man sehr entspannt ist. Bei Rot ist es leichter, wenn man noch unter dem Einfluß von Ärger oder Leidenschaft steht oder sich in einer besonders freudigen Situation befindet.

Wenn Sie sich mit den Farben auch »innerlich« vertraut gemacht haben, können wir zur nächsten Stufe übergehen. Atmen Sie die Farbe, die Ihnen am leichtesten fällt, ein, und lassen Sie sie mit dem Atem durch den ganzen Körper strömen: Luftröhre, Lunge, Brustraum, Zwerchfell, Sonnengeflecht und Bauchraum. Konzentrieren Sie sich am Anfang vorwiegend auf die Atmungsorgane, schicken Sie die Farbe durch die Atmungsorgane. Wenn Sie das visualisieren können, dehnen Sie das Atmen mit Farben auf weitere Organe aus: Schließen Sie das Herz, die Leber, die Nieren, die Milz, Därme und Geschlechtsorgane mit ein. Sie werden feststellen, daß Sie manche Organe leichter mit Farbe füllen können als andere. Versuchen Sie, die Stellen in Ihrem Körper ausfindig zu machen, die die Farben, mit denen Sie atmen, weniger annehmen sowie die dunklen Stellen. Atmen Sie in die dunklen Stellen dann mit Gelb, bestrahlen Sie die Stellen mit Gelb, und meditieren Sie mit Gelb.

Von besonderer Wichtigkeit bei diesen Farb-Atmungen ist die Wirbelsäule, die besonders auf Farbbestrahlungen von »innen« reagiert. Schicken Sie eine Farbe dorthin. Besonders wirkungsvoll für die Wirbelsäule ist Rot: Kraft, Stärke, Lebensfreude. Visualisieren Sie die einzelnen Wirbelkörper (so viele Sie können, und schließen Sie die Bandscheiben mit ein); fühlen Sie, wie die Wirbelsäule sich streckt und dehnt und die Bandscheiben mehr Bewegungsfreiheit erhalten.

Konzentrieren Sie immer wieder Ihre Energien auf die Nacken- und Schulterpartien, und »bestrahlen« Sie diesen Bereich von innen mit Rot und Gelb. Rot zur Anregung, Aufwärmung und Entspannung dieser so oft verkrampften Stellen und Gelb ebenfalls zur Anregung, aber auch um Freude (den Sonnenaspekt) dorthin zu schicken, die hilft, Verspannungen aufzulösen.

Mit Farben meditieren

Mit den in den vorhergegangenen Kapiteln besprochenen Therapieformen des Visualisierens und Einatmens von Farben haben wir uns auf einer tiefen Ebene mit der Wirkung von Farben vertraut gemacht. Wir haben gelernt, uns in die Farben einzufühlen, die Unterschiede zu spüren und ihre Wirkung zu erfahren. Wir sind zu unserem eigenen Therapeuten geworden. Mit diesen Übungen haben wir unsere eigenen physischen und psychischen Heilkräfte angesprochen und erweckt.

Viele Krankheiten können wir nun selbst mit Farben heilen, oder wir können andere Behandlungsmethoden mit der Farbtherapie selbst unterstützen und somit wesentlich selbst zum Heilungsprozeß beitragen und sind damit weniger auf die Hilfe anderer und noch weniger auf chemische Hilfsmittel, wie z. B. Tabletten etc., die fast immer Nebenwirkungen haben, angewiesen.

Von ungeheurer Wichtigkeit ist jedoch die Erfahrung und Erkenntnis, daß wir uns selbst bei vielen Krankheiten helfen können. Das stärkt unser Vertrauen in uns selbst und hebt damit unser Selbstvertrauen und unsere Lebensfreude insgesamt.

Der nächste Schritt in der Farbtherapie ist das Meditieren mit Farben. Damit lassen wir uns auf eine tiefere Erkenntnis über uns selbst ein und eröffnen uns spirituelle Dimensionen, d. h. Dimensionen, die außerhalb unserer bisherigen physischen Erfahrungen liegen.

Setzen Sie sich so entspannt wie möglich hin, und befreien Sie sich von beengender Kleidung. Sie beginnen wieder mit den tiefen Atemübungen, jeweils 10, insgesamt also 20 Atemübungen. Danach beginnen Sie mit der Farbe, die Ihnen am vertrautesten ist. Sie holen sie sich in die Aura und füllen die ganze Aura mit der Farbe: vom Kopf zum Nacken, Brustraum, Rücken, Bauch, Hüfte etc., an den Beinen hinunter bis zu den Füßen, so daß Sie am Ende ganz mit oder in der Farbe »gebadet« sind.

Am schwierigsten in Farbe zu tauchen sind normalerweise Nacken und Wirbelsäule. Immer wenn die Farbe »ausgeht«, d. h., wenn sie Ihnen verschwindet, holen Sie dieselbe Farbe wieder neu in die Aura.

Sie können sich auch am Anfang einen großen Pinsel vorstellen und damit den Körper und die Aura mit der Farbe anmalen. Das gelingt am Anfang leichter.

Die zwei folgenden Farbmeditationen sind als Einführung und Beispiel gedacht, um Ihre eigenen Farbmeditationen zu entwickeln.

Meditation 1

Visualisieren Sie eine Bergformation, die in das blaue Meer hineinreicht. Am Fuße der Berge schlagen die Wellen gegen die Steine, die Wellen schäumen und waschen beim Zurückschlagen den Sand ins Meer. Sie stehen auf der Spitze der Berge und schauen sich um und genießen die schlagenden Wellen, das blaue Wasser und den blauen Himmel. Tief unter Ihnen sehen Sie einen dunklen Tunnel, aus dessen Öffnung dunkles grünes Wasser strömt, welches beim Vermischen mit dem blauen Meerwasser heller und heller wird. Sie bücken sich und legen sich nieder und versuchen, in den Tunnel hineinzusehen. Plötzlich sehen Sie ganz tief im Dunkel des Tunnels einen Schimmer von leuchtendem Weiß und das strahlende Blau eines Meers auf der anderen Seite.

Sie schauen nach oben, und der Himmel hat sich über Ihnen verändert: Er ist rot und orange und violett.

- *Bedeutung* Wir finden in unserem Lebensweg viele Hindernisse, Versuchungen und Konflikte, die uns so groß und so schwer wie Berge erscheinen. Wir haben oft das Gefühl, uns in einem dunklen Tunnel zu befinden; wir sind von dem Gewicht unserer eigenen Probleme so gefangengenommen, daß wir Freude, Glück und Freiheit in unserem Leben nicht mehr wahrnehmen. Wenn wir unseren Gefühlen von Angst, Zweifel, Verzweiflung und Unzufriedenheit stattgeben, gehen wir tiefer und tiefer in den Tunnel. Indem wir aber dem Leben vertrauen und eine positive Einstellung zum Leben haben, werden die schwierigsten Lebensumstände sich zum Positiven verändern und auflösen. Mit Farb-Meditationen öffnen wir uns den Farben und ihrer tieferen Bedeutung, und damit öffnen wir uns auch den positiven Seiten des Lebens.

Meditation 2

Visualisieren Sie eine Wiese, die voller bunter Blumen ist. Gehen Sie zu den Blumen, und betrachten Sie die unterschiedlichen Farbschattierungen genau. Während Sie weiter in die Wiese hineingehen, sehen Sie einen Fluß, der mitten durch die Wiese fließt. Gehen Sie an das Flußufer, und setzen Sie sich nieder. Das Wasser des Flusses ist ganz klar, und Sie können Fische und andere Wassertiere darin schwimmen sehen. Der Himmel über Ihnen ist von einem strahlenden Blau. Verfolgen Sie, während Sie am Flußufer sitzen, die Wellen und die Wassertiere. Sie sind völlig entspannt und ohne Angst. Plötzlich kommt Ihnen die Idee, sich selbst ins Wasser zu begeben. Sie steigen in den Fluß und lassen sich von den Wellen des Flusses einfach treiben wie ein Fisch. Achten Sie auf alles, was Ihnen unterwegs begegnet. Nehmen Sie sich ausreichend Zeit für Ihre Expedition. Wenn es Zeit ist, den Fluß zu verlassen, setzen Sie sich wieder an das Ufer, und denken Sie über Ihre Erfahrungen nach. Der Himmel über Ihnen hat sich verändert, und Sie spüren die veränderte Atmosphäre. Sie schauen nach oben und sehen am Horizont einen wunderschönen Regenbogen. Alle Farben sind klar und deutlich. Versuchen Sie, sich in die Farben des Regenbogens einzuschwingen. Bleiben Sie so lange dort sitzen, wie es Ihnen gefällt.

- *Bedeutung* Die Wiese stellt Ihr Verhältnis zur Natur dar, der Fluß Ihr Verhältnis zum Fluß des Lebens. War der Fluß reißend oder nur ein schmaler, gemächlich fließender Bach? Wie ist es Ihnen als Fisch im Wasser ergangen? Hatten Sie Angst, oder sahen Sie den Erfahrungen mit Neugierde und Interesse entgegen? Oder sind Sie gar nicht erst in das Wasser gegangen? Das Wasser steht symbolisch für Ihr Unbewußtes. Der Regenbogen symbolisiert Ihr Verhältnis zur Vielfalt des Lebens und zum Universum. Konnten Sie sich in alle Farben einschwingen oder nur in bestimmte? Lesen Sie nach, was über die Farben gesagt wird, in die Sie sich nicht einschwingen konnten, mit denen Sie Probleme hatten.

Heilen mit Farben

Beim Heilen mit Farben schwingt sich der Heiler in die Aura des Klienten ein. Er versucht herauszufinden, welche Farben insgesamt fehlen und welche Farben an bestimmten Stellen des Körpers fehlen. Diese Farben visualisiert der Heiler dann auf den Körper des Klienten. Menschen, deren Aura hart und geschlossen ist, werden nur wenig oder auch gar nichts spüren. Menschen mit einer offenen Aura können mit geschlossenen Augen fühlen, auf welche Stellen der Heiler die Farben richtet. Sie empfinden entweder Wärme oder Kälte oder einfach eine Veränderung in ihrer Aura.

Grundsätze der Farbtherapie

Das Leben ist Farbe, und Farbe ist das Leben. Alles Leben hat Bewußtsein. Deshalb haben Farben, wie jede lebende Zelle, ein Bewußtsein. Unser Bewußtsein ist das gesamte Bewußtsein jeder einzelnen unserer Zellen. Krankheiten entstehen aufgrund von fehlender Balance im Lebenssystem. Diese mangelnde Balance kann mit Farben ausgeglichen werden. Farbe ist das Element, welches Körper, Geist und Seele am leichtesten annehmen und verwerten können.

Die folgenden Grundsätze müssen bei der Behandlung beachtet werden:

1. Behandeln Sie mit der Farbe, die entweder fehlt, von der zuviel vorhanden ist oder die Körper, Geist oder Seele aus dem Gleichgewicht geworfen hat.
2. Farbe kann auf verschiedenen Wegen von Körper, Geist und Seele aufgenommen werden:
   Nahrung, mit Farbe bestrahlte Nahrung,
   durch Sonnenlicht,
   durch Bestrahlung der Haut mit »künstlichem« Licht,
   Farb-Baden, durch Farb-Visualisationen,
   durch Farb-Atmen,
   durch Farb-Meditationen.
3. Während der Behandlung können sich ältere Erkrankungen verschlimmern. Das ist aber ein positives Zeichen, da es sich um eine Heilungskrise handelt. Die Symptome verstärken sich und können dann gezielter behandelt werden.

Wichtig: Heilen von innen ist effektiver als Heilen von außen, d. h. Farb-Meditationen und Farb-Atmen haben einen größeren Effekt als Farb-Bestrahlungen. Der Heilungsprozeß beginnt von innen nach außen. Außerdem verändert man bei »Innen-Behandlungen« das Bewußtsein, und zwar sowohl das eigene als auch das der Körperzellen. Damit beginnt der Heilungsprozeß von innen. Beginnen Sie bei der Behandlung mit der letzten Erkrankung, dann mit der Erkrankung davor usw.

4. Bevor der Gesundungsprozeß beginnt, werden die Patienten oft zunächst einmal kränker, d. h. die Symptome verstärken sich. Dieser Prozeß wird die Gesundungskrise genannt. Diese Krise beginnt normalerweise ohne Vorwarnung. Es handelt sich hierbei um das Bemühen der betroffenen Organe und des Gewebes, die Giftstoffe auszuscheiden, um den Körper zu regenerieren.
5. Farben fördern die Bildung von Enzymen, Spurenelementen und Vitaminen im Körper, ohne die ein Stoffwechsel nicht möglich wäre. Farben binden Sauerstoff, und mit der Farbbehandlung verbessern wir die Zell- und Organatmung des Körpers und beschleunigen die Gesundungskrise.
6. Die einzelnen Farben beeinflussen den Körper unterschiedlich. Je stärker und klarer die Farbe, desto größer ist die Wirkung. Die Blautöne beruhigen und entspannen, während die Rottöne Körper, Geist und Seele aktivieren, stimulieren, aber auch irritieren.
7. Je reiner und klarer die Farben sind, desto schneller und stärker dringen sie in den Körper und die Zellen ein, desto schneller wirken sie.
8. »Überladen« Sie den Körper nicht: Wenn Sie Fieber, Infektionen und Krankheiten behandeln, die durch Giftstoffe verursacht wurden, denken Sie daran, daß der Kreislauf die ganze Wucht des Angriffs der Viren oder

Bakterien zu tragen hat und deshalb mitbehandelt werden muß.

9. Der wichtigste Grundsatz bei der Behandlung ist: im Zweifel lieber zu wenig als zu viel behandeln.
10. Bei der »Überbehandlung« mit Farben können Sie mit der Komplementärfarbe ausgleichen. Überbehandlung ist aber sehr selten gefährlich.
11. Wenn Sie mit der falschen Farbe behandelt haben, anstatt mit dem beruhigenden Blau mit dem anregenden Rot, kann das allerdings böse Auswirkungen haben. Im Falle der Behandlung mit der falschen Farbe, behandeln Sie sofort mit der Komplementärfarbe der zuerst genommenen falschen Farbe, um den Fehler wieder auszugleichen. Danach behandeln Sie dann die Krankheit.
12. Es ist nicht möglich, die Länge der Behandlung generell für alle Personen gültig anzugeben. Die Behandlungsdauer hängt jeweils von den folgenden Faktoren ab:
    Klima (Winter, Sommer etc.), Wetter,
    Tageszeit und Jahreszeit, Art der Krankheit,
    Art der Behandlung (Bestrahlung, Atmen, Meditation etc.), Sensibilität des Patienten, Farbe (immer Vorsicht bei Rot), Biorhythmus des Patienten.
13. Die falsche Anwendung von Farbe kann negative Folgen haben: das Auge kann von Farbe ebenso schockiert werden wie das Ohr von Klängen, Anwendung der falschen Farbe kann Müdigkeit erzeugen , zu starke Farben irritieren oft: Rot, Orange und Gelb ermüden und irritieren schneller als die anderen Farben, Grün und die Blautöne beruhigen und entspannen.
14. Jeder Mensch reagiert unterschiedlich auf die Farben: Manche reagieren besser auf Blau als auf Indigo und umgekehrt; manche können Rot nicht vertragen und müssen statt dessen mit Orange behandelt werden; manche können Gelb nicht vertragen, man muß es dann mit Orange oder Grün versuchen, da in beiden Farben

Gelb enthalten ist; wenn eine Entzündung mit Blau behandelt wird, muß auf Puls, Anspannung und Blutdruck achten; Blau und Grün reduzieren den Blutdruck, Rot regt an.

15. Die Aufnahme von Farbe beeinflußt nicht nur den Sauerstofftransport und die Bildung von Enzymen etc., sondern ebenfalls alle Blutzellen, alle Drüsen und alle chemischen Prozesse im Körper.
16. Die Anwendung von Farbe auf eine Stelle des Körpers beeinflußt den gesamten Stoffwechsel.
17. Jeder Körper hat Stellen, die auf eine Behandlung schnell ansprechen. Diese Punkte sind die Chakren, besonders aber das Sonnengeflecht, das Herz-Chakra und das Dritte Auge. Bestrahlungen an diesen Punkten haben eine sehr schnelle und starke Wirkung.
18. Jede Behandlung mit Licht und Farben stimuliert den Kreislauf und erleichtert dadurch Überladungen der Leber, Milz, Nieren, Lungen, des Verdauungssystems und der Wirbelsäule.
19. Farben haben folgende Wirkung, sie: erweitern oder verengen die Blutgefäße; erhöhen oder erniedrigen den Blutdruck; verstärken die Produktion von roten Blutkörperchen; unterstützen die weißen Blutkörperchen; zerstören Bakterien; unterstützen das Immunsystem; unterstützen das Körpergewebe gegen Angreifer; erhöhen die Aktivität des Gewebes; verstärken den Sauerstofftransport des Blutes; regulieren den Austausch zwischen dem Gewebe und den Knochen; fördern die Bildung von Enzymen, Spurenelementen und Vitaminen; aktivieren und stabilisieren den Stoffwechsel; erweitern das Bewußtsein; Meditationen über Blau informieren über die Bedeutung des blauen Strahles, wirken nicht nur im körperlichen, sondern auch im emotionalen und seelischen Bereich entweder beruhigend oder anregend.

Lexikon der Krankheiten und deren Farbtherapie

Im Lexikon werden Krankheiten und ihre heilenden Farben sowie deren Anwendung besprochen. Es empfiehlt sich in allen Fällen, die jeweiligen Farben so vielfältig wie möglich anzuwenden, d. h., mit den entsprechenden Farben zu bestrahlen bzw. baden; die Nahrung in der entsprechenden Farbe zu sich zu nehmen und sich in diesen Farben zu kleiden. Die Wirkung wird besonders im emotionalen, geistigen und spirituellen Bereich noch verstärkt, wenn man entsprechende Farben visualisiert und/oder mit ihnen meditiert.

- Wenn mehrere Farben zur Bestrahlung vorgeschlagen werden, sollte nicht mit mehreren Farben hintereinander bestrahlt werden. Zwischen zwei Bestrahlungen sollen auf jeden Fall mindestens 2 Stunden liegen, damit die Bestrahlung richtig auf den Körper einwirken kann. Die durchschnittliche Bestrahlungsdauer beträgt 15 bis 20 Minuten. Bei den meisten Krankheiten wird zur Behandlung mehr als eine Farbe angegeben. Oft kann zur Unterstützung der Behandlung mit der Komplementärfarbe der angegebenen Farbe bestrahlt werden. Dadurch wird die Heilung beschleunigt.
- Im Text wird bei vielen Krankheiten auf die Anwendung der Komplementärfarbe hingewiesen; wenn dies nicht

der Fall ist, muß mit der Bestrahlung der Komplementärfarbe sehr vorsichtig umgegangen werden, d. h., man sollte mit 5 Minuten Bestrahlung zweimal täglich beginnen und dann Zeit und Häufigkeit erhöhen.

- Normalerweise reicht die Bestrahlung mit einer 60-Watt-Glühbirne aus, wenn aber von starker Bestrahlung gesprochen wird, ist eine 100-Watt-Birne gemeint.
- Umschläge haben die größte Wirkung, wenn weiße Tücher aus Naturfasern mit der entsprechenden Farbe für ca. 1S Minuten bestrahlt werden. Notfalls helfen aber auch farbige Tücher.
- Die Entfernung der Lichtquelle von der zu bestrahlenden Stelle beträgt zwischen 30–40/45 Zentimeter.

Affirmationen sind »Lehrsätze« mit einem bestimmten Inhalt, die man regelmäßig wiederholt, sich selbst vorsagt oder sich selbst vorliest. Man kann sie aufschreiben und an häufig aufgesuchten Stellen aufhängen (z. B. Küche, Schlafzimmer, Toilette). Ihre Aufgabe ist es, unsere bewußten oder unbewußten Gedanken und Gefühle positiv »umzupolen«, d. h., neu zu bestimmen. Wenn wir unser Gehirn mit einem Computer vergleichen, heißt das, daß wir mit den Affirmationen unser Gehirn, aber auch unsere Gefühle zu neuen Inhalten umprogrammieren. Deshalb müssen die Affirmationen klar, eindeutig und positiv formuliert sein.

- Sie können eine bestimmte tägliche Affirmation wählen oder selber formulieren, die sich auf Ihre derzeitige Gedanken- und Gefühlsstruktur bezieht und Veränderungen bewirken soll. Sie haben damit die Art und Qualität der Veränderung selbst in der Hand und können entscheiden, mit welchem Problem oder Konflikt Sie sich heute beschäftigen wollen. Die angegebenen Affirmationen beziehen sich auf das jeweilige Krankheitsbild, können aber selbstverständlich vom einzelnen verändert, verbessert und so der individuellen Situation angepaßt werden. Eigene Affirmationen – wenn sie klar und positiv sind – sind in jedem Fall wirkungsvoller als vorgegebene. Zu manchen Krankheiten wurden keine Affirmationen angegeben. Setzen Sie Ihrer Kreativität keine Grenzen: Probieren Sie eigene Affirmationen aus, Sie können sich bei ähnlichen Krankheitsbildern und deren Affirmationen Anregung holen.

Affirmationen können täglich zu bestimmten Zeiten, z. B. morgens vor Arbeitsbeginn, angewandt werden oder abends vor dem Einschlafen. Besonders wirkungsvoll sind sie jedoch immer dann, wenn wir zweifeln: »Das kann gar nicht klappen«, »Das ist völlig unmöglich«, »Ich würde ja gerne, aber da gibt es zu viele Probleme«, »Ich bin ja sehr interessiert, aber ich habe zuviel Angst«, »Das klingt ja alles ganz gut, aber ich weiß ganz genau, daß es nicht klappt« usw. usw. Gedanken und Gefühle dieser Art haben wir unzählige Male am Tage, und Affirmationen können hier Wunder bewirken.

Wir lassen die negativen Anteile unserer Gedanken und Gefühle los und besetzen sie mit positiven Inhalten. Die Dinge werden sich dadurch anders entwickeln, als wir dachten und erwarteten.

- Es ist wichtig, daß wir klar und eindeutig positiv formulieren; also nicht: »Ich habe keine Angst mehr«, sondern »Ich habe keine Angst«. In dem Wort mehr liegt indirekt eine Zeitverschiebung; wir sagen damit nicht, ab wann wir keine Angst mehr haben. In dieser Formulierung liegt implizit immer noch die verborgene Angst, nicht aber in der zweiten Formulierung. Diese Formulierung ist klar und eindeutig. In den Affirmationen sollen Veränderungen nicht morgen stattfinden, sondern jetzt: »Ich habe keine Angst.«

Es werden nicht zu allen Krankheiten Affirmationen vorgegeben. Im Kapitel »Krankheitsbilder und heilende Farben« können die tieferliegenden Ursachen der Krankheiten nachgelesen werden. Darauf basierend, kann man Affirmationen selbst entwickeln.

Abszeß

Abszesse werden mit Blau, Blaugrün und Blauviolett bestrahlt. Die Bestrahlungszeit beträgt zwischen 15–25 Minuten und sollte bis zu 4mal täglich erfolgen. Auf den Abszeß kann man einen »blauen« Umschlag legen, d. h. ein weißes Tuch, das entweder mit Blau bestrahlt oder in mit Blau bestrahltes Wasser getaucht wurde. Blaufarbige Ernährung unterstützt den Heilungsprozeß, gelbfarbige Ernährung den Reinigungsprozeß des Körpers.

- Affirmationen: Ich erlaube all meinen Gefühlen und Gedanken, sich frei auszudrücken. Ich habe keinen Grund, Ärger, Enttäuschung und Frustration herunterzuschlucken. Mit dem Prozeß des Akzeptierens dieser Gefühle und Gedanken kann ich sie auch loslassen. Ich bin dadurch frei geworden. Die Vergangenheit ist vorbei. Ich bin frei für die Gegenwart und die Zukunft. Ich lebe in Frieden mit mir selber.

Aids

Die heilende Farbe für Aids ist Grün, die Farbe des Ausgleichs und der Harmonie. Es sollten Bestrahlungen mit Grün durchgeführt werden (3x20 Minuten täglich), zusätzlich kann Grün getrunken und zum Baden verwendet werden. Es sollte viel grünfarbige Nahrung aufgenommen werden. Auch Rot kann kraftspendend und vitalisierend angewandt werden, aber immer nur für wenige Minuten (5 Minuten), dafür aber bis zu 5mal täglich bei der Bestrahlung. Des weiteren kann Blau für die gleiche Zeitspanne angewandt werden. Man achte besonders auf die verstärkte Nahrungseinnahme von Rot (anregend, kraftgebend) und Blau (beruhigend, heilend). Mit Rosa kann länger als mit Rot bestrahlt werden.

- *Affirmationen:* Ich akzeptiere meine Lebensbedingungen wie sie sind. Ich lehne mich nicht dagegen auf, sondern verwende meine Energie statt dessen, die Freuden meines Lebens zu suchen, wahrzunehmen, zu akzeptieren und zu erweitern.

Allergien

Allergien werden mit Grün, Rosa, Indigo und Orange behandelt. Man beginnt mit Grün und fügt nach 2–3 Tagen weitere Bestrahlungen mit Rosa hinzu. Die Bestrahlungszeit beträgt jeweils 20–25 Minuten mit Grün, 3mal täglich, und 10–15 Minuten mit Rosa, 2mal täglich. Außer den befallenen Stellen werden noch Sonnengeflecht und Herz-Chakra bestrahlt.

Besonders wichtig ist für Allergiker die ausgewogene Farbernährung. Visualisation und Meditation beschleunigen den Heilungsprozeß erheblich. Das Baden mit den entsprechenden Farben ist eine weitere Unterstützung zur Heilung.

- *Affirmationen:* Ich lasse die Dinge, die mir Streß verursachen, los und öffne mich neuen Erfahrungen, die mir einen neuen Lebensweg aufzeigen. Die Welt ist sicher und friedlich. Ich fühle mich sicher in mir selbst und in Frieden mit dem Leben.

Angstzustände

Angstzustände werden vorwiegend mit Grün, zur Unterstützung der Heilung aber auch mit Rosa und Gold behandelt. Grün für den Ausgleich und die Harmonie, Rosa für die Lebensfreude (Rot wäre zu stark und würde die Angst vergrößern) und Gold für die universelle Liebe, auch die Liebe zu sich selbst.

Bestrahlen mit Grün 3mal täglich; zunächst mit Gold 2mal täglich 10 Minuten lang zusätzlich bestrahlen. Nach einigen Tagen (3–4) kann entweder zusätzlich mit Rosa bestrahlt oder aber abwechselnd zur Grünbestrahlung mit Gold oder Rosa bestrahlt werden.

- *Affirmationen:* Die Angst, die mich behindert, meinen Lebensablauf unnötig erschwert und eine negative Wirkung auf mich hat, wird nicht mehr benötigt. Mit dem Verschwinden der Angst mache ich den Weg frei für neue Gedanken, Emotionen und dadurch für neue Entwicklungen. Ich akzeptiere mich selbst und vertraue dem Fluß des Lebens. Ich fühle mich in mir selbst sicher.

Arterienverkalkung

Arterienverkalkung wird hauptsächlich mit Violett behandelt. Da viele Menschen eine Abneigung gegen Violett haben, kann man auch dunkle Blautöne zur Bestrahlung verwenden. Die Bestrahlungszeit beträgt 3mal täglich 15 Minuten. Zusätzlich bestrahlt man mit der Komplementärfarbe von Violett, mit Gelb: 2mal täglich bestrahlen, jeweils 5–10 Minuten.

Bei der Arterienverkalkung ist auch äußerst wichtig, auf eine ausgewogene Farb-Ernährung zu achten: die Blau-, Violett- und Gelbtöne sind auch bei der Ernährung von besonderer Wichtigkeit.

Visualisationstechniken und Meditationen fallen Menschen, die unter Arterienverkalkung leiden, oft ganz besonders schwer. Auch hier gilt: nicht sofort aufgeben, immer wieder versuchen, sich die Farbe vorzustellen, sie einzuatmen. Wenn man an eine Farbe denkt und sieht, ist man »drin«.

- *Affirmationen:* Ich brauche meinen Widerstand gegen das Leben, die Anhäufung von Unzufriedenheit und die Anspannung nicht. Ich bin dem Leben und damit der Freude und Liebe gegenüber vollständig offen. Dadurch werde ich die Dinge anders sehen und wahrnehmen, und mein Körper und mein Leben werden sich auch äußerlich verändern, so wie ich meine innere Einstellung verändere.

Asthma

Der Patient muß zunächst lernen, richtig zu atmen. Es muß auch im Alltag tief durchgeatmet werden, beim Atmen müssen die Bauchmuskeln zu spüren sein. Beim tiefen Durchatmen werden auch Verspannungen im Bereich des Solarplexus (Sonnengeflecht) frei, außerdem lösen sich dabei weitere innere Anspannungen und Verspannungen.

Asthmatiker haben in der Regel eine Tendenz zu negativen Denkstrukturen wie Angst, Pessimismus und Abhängigkeit. Rhythmisches und tiefes Atmen ist eine ausgezeichnete Methode, um diese Verkrampfungen als Folge der negativen Denkstrukturen aufzulösen. Die Brust (Herz-Chakra) und der Kehlkopf werden 3mal täglich 15 Minuten mit Orange bestrahlt, um die Lebensfreude anzuregen. Der Patient sollte mehrmals täglich ein Glas mit Orange bestrahltes Wasser trinken. Er sollte besonderes Gewicht darauf legen, orangefarbige Ernährung zu sich zu nehmen, wie Orangen, Mandarinen, etc. Zum Abschluß der Behandlung kann wiederum für 10–15 Minuten blaues Licht angewandt werden.

Rot kann zur Aktivierung des Blutes eingesetzt werden. Mit einer besseren Durchblutung wird auch eine verbesserte Sauerstoffzufuhr innerhalb des ganzen Körpers bewirkt. Dadurch werden die Abwehrkräfte gestärkt, und es werden Energien frei, die der Patient zur Asthmabehandlung anwenden kann, aber auch, um seine negativen Gedankenstrukturen zu verändern.

Das Einatmen der heilenden Farben, besonders von Orange, muß regelmäßig durchgeführt werden.

- *Affirmationen:* Ich kann frei atmen, physisch, emotional und gedanklich. Ich kann mich in meinem Lebensraum frei bewegen. Ich kann außerdem diesen, meinen Lebensraum, erweitern, damit ich mehr und immer besser atmen kann. Ich befreie mich von Einschränkungen und Eingrenzungen auf allen Gebieten. Ich kann den Atem (Luft und Sauerstoff) völlig ungehindert aufnehmen, durch den ganzen Körper verteilen und so den Austausch des Körpers verbessern.

Augenentzündungen

Augenentzündungen sind manchmal auf Verdauungsstörungen zurückzuführen. In solchen Fällen sollte mit Blau und Indigo bestrahlt werden. Das Tragen von blaugetönten Brillen wirkt unterstützend zur Linderung der Augenentzündung. Das ganze Gesicht sollte mit Blau bestrahlt werden. Dadurch werden die Gesichtsmuskeln entspannt und entlastet und die Heilung der Augen unterstützt.

- *Affirmationen:* Ich will sehen, was um mich herum geschieht. Ich will mich, meine Gefühle, Gedanken und Reaktionen klar wahrnehmen können, aber auch die meiner Angehörigen, Nachbarn, Freunde und Kollegen. Ich habe vor keiner neuen Erkenntnis Angst.

Augenerkrankungen

Augenerkrankungen werden generell mit Grün als ausgleichende Farbe auf allen Ebenen behandelt: bestrahlen, baden, essen, trinken. Die Farben Rot und Orange können – je nach Vorliebe der erkrankten Person – zur Anregung und Steigerung der Lebensfreude angewandt werden. Mit einer erhöhten Lebensfreude ist der Mensch auch eher bereit, das zu sehen, was die erkrankten Augen sonst nicht wahrnehmen wollen. Bestrahlungszeit: 3mal täglich 15 Minuten lang. Grauer Star siehe Katarakt.

- *Affirmationen:* Siehe Augenentzündungen.

Auszehrung, Schwindsucht

Dieselbe Behandlung und Ernährung wie bei Blutarmut. Hier wird aber nach den Fußsohlen und dem ersten Chakra hauptsächlich der Oberkörper mit rotem Licht bestrahlt.

Bewegungsapparat, Krankheiten des Bewegungssystems

Krankheiten des Bewegungsapparates werden mit Blau, Grün sowie Rot und Gelb behandelt. Man beginnt mit Grün, 3 Bestrahlungen täglich ca. 20 Minuten. Nach 2–3 Tagen kann man zusätzlich mit Blau und Rot bestrahlen, je 2–3mal täglich für ca. 10–15 Minuten und führt diese Bestrahlungen ca. 4–6 Tage durch. Dann nimmt man anstelle von Blau und Rot, Indigo und Gelb, ebenfalls 2mal täglich jeweils für 10 Minuten.

Ganz wichtig ist bei dieser Art von Erkrankungen, auf genügend Grünzufuhr in der Nahrung zu achten und ebenso auf Rot und Blau. Beim Visualisieren und Meditieren stellt man sich Knochen, Gelenke, Wirbelsäule und Bandscheiben vor und wie diese sich dehnen und wieder frei werden.

Alexander (Alexander-Technik), Feldenkrais und Meier haben auch bei schweren Erkrankungen der Wirbelsäule mit Visualisierungstechniken großen Erfolg gehabt bzw. haben es noch.

- *Affirmationen:* Ich kann mich frei mit dem Leben bewegen und meine Schritte in alle Richtungen lenken, in die ich sie lenken will. Ich bin einverstanden mit den Grundbedingungen meines Lebens. Ich habe die Fähigkeit, meinen Lebenskreis zu vergrößern, ihn auszudehnen. Mein Körper und mein Bewegungsapparat werden mir dabei voll und ganz zur Verfügung stehen. Ich habe die Kontrolle über meinen Körper und über mein Leben.

Blähungen

Der Patient sollte zwischen den Mahlzeiten gelb bestrahltes Wasser trinken und den Bauch 3–4mal täglich 15 Minuten lang mit Gelb bestrahlen. Es sollten viel gelbe Nahrung zu sich genommen und Atemübungen mit Gelb durchgeführt werden.

- *Affirmationen:* Ich lasse von alten unverdauten Problemen los. Die Vergangenheit ist vergangen. Ich bin frei für Gegenwart und Zukunft.

Blasenentzündungen

Blasenentzündungen werden, wie alle entzündlichen Prozesse, vorwiegend mit Blautönen bestrahlt, mit dunklen und starken Blautönen (100-Watt-Glühbirne): 3mal täglich 15–20 Minuten lang. Nach 2–3 Tagen kann zusätzlich mit Gelb bzw. Orange bestrahlt werden, doch nur 2mal täglich 10 Minuten. Nach 3–4 Tagen kann zusätzlich noch für kurze Zeit 5–10 Minuten mit Orange bestrahlt werden, um die Lebensfreude zu erhöhen.

- *Affirmationen:* Ich lasse allen heruntergeschluckten und angehäuften Ärger los, da er mir nicht hilft. Ich kann meinen Unmut und meine Frustrationen meinen nächsten Verwandten und Freunden gegenüber ausdrücken und mich so davon frei machen. Ich fühle mich wohl und sicher und bin entspannt, um die Dinge auszudrücken, die mich täglich belasten. Bei der Ernährung sollte auf Einnahme von blauer und von gelber Nahrung geachtet werden: Blau zur Beruhigung und Entspannung, Gelb zur Anregung und zur Reinigung.

Blaues Auge

Ein »Veilchen«, das blau Auge, wird mit Violett bestrahlt und mit violetten Umschlägen behandelt (weiße Tücher entweder mit Violett bestrahlt oder in mit Violett bestrahltem Wasser angefeuchtet).

Blutarmut

Die Behandlung der Blutarmut erfolgt mit dem roten Farbspektrum.

Es ist sehr wichtig, bezüglich der Ernährung auf die Einnahme von roten Nahrungsmitteln zu achten: rote Früchte (Beeren, Pflaumen), rotes Gemüse (rote Bete) und roter Tee (Hibiskus) sowie zwischen den Mahlzeiten Wasser trinken, das mit Rot bestrahlt wurde. Zusätzlich sollte der Patient mit der roten Farbe bestrahlt werden. Bestrahlen Sie zuerst die Fußsohlen und dann das erste Chakra, das Basis-Chakra, beides jeweils zwischen 5–10 Minuten lang.

Bestrahlen Sie dann wieder die Fußsohlen, die Waden, die Knie, die Oberschenkel und zum Schluß wieder das Basis-Chakra.

Zusätzlich kann das zweite Chakra (Milz) mit Orange bestrahlt werden. Zum Abschluß kann für einige Minuten mit grünem oder blauem Licht behandelt werden.

- *Affirmationen:* Ich kann mein Leben mit Freude wahrnehmen. Mein Interesse am Leben steigt, und ich sehe dem Leben mit Neugierde und Bereitschaft entgegen. Ich freue mich auf den Rest des heutigen Tages und auf den morgigen Tag, die ganze Woche. Ich freue mich auf weitere Entwicklungen, sie werden neue Türen für mich öffnen und mir mehr Freude am Leben bringen.

Bluthochdruck

Bluthochdruck wird mit Grün, der Farbe des Ausgleichs und der Harmonie, behandelt. Es wird 3mal täglich bestrahlt, jeweils ungefähr 20 Minuten lang. Wichtig ist hier, auf die Einnahme von grüner Nahrung zu achten und mit Grün zu visualisieren und zu meditieren.

Wenn der Blutdruck sich langsam zu senken beginnt, kann man zusätzlich mit einem ganz leichten Rosa zur Anregung der Lebensfreude bestrahlen: 2mal täglich für 10 Minuten.

- *Affirmationen:* Ich kann die alten Probleme aus der Vergangenheit loslassen. Die Vergangenheit ist vorbei, und die alten Probleme belasten mich jetzt nicht mehr. Dadurch verfüge ich über genügend Energie, um mich auf mich selbst zu konzentrieren und mich um die Befriedigung meiner eigenen Bedürfnisse zu kümmern, die mir Freude bereiten.

Blutniederdruck

Zu niedriger Blutdruck wird mit Gelb zur Anregung der Lebensfreude behandelt. Es wird regelmäßig mit Gelb bestrahlt und bevorzugt gelbe Nahrung gegessen. Die Länge und Häufigkeit der Bestrahlung hängt vom Blutdruck ab. Ist er sehr niedrig, kann 3mal täglich je 20 Minuten lang mit Gelb bestrahlt werden, ansonsten nur 3–4mal für insgesamt 20 Minuten.

Sobald Besserung eingetreten ist, kann man jedes zweite Mal mit der Komplementärfarbe von Gelb und eventuell Orange zur Anregung der Lebensfreude bestrahlen.

Blutzucker, niedriger

Niedriger Blutzucker wird mit Gelb zur Anregung bestrahlt, 3mal täglich 15 Minuten lang. Bei der Ernährung soll darauf geachtet werden, daß möglichst viel anregende Nahrung aufgenommen wird: Rot, Orange und Gelb.

Bronchitis

Farbbestrahlungen mit Orange sind in diesem Falle sehr nützlich. Es sollten die Brust (Herz-Chakra), der Kehlkopf, aber auch Magen und Bauch regelmäßig bestrahlt werden. In chronischen Fällen wird der Behandlungserfolg allerdings nicht so schnell zu beobachten sein. Orangensaft und Zitronenwasser sind Farbbestrahlungen unterstützende Mittel.

Das Einatmen von Farben, insbesondere von Orange, muß regelmäßig durchgeführt werden. Bestrahlen des Sonnengeflechtes mit Gelb und Grün ist hilfreich, um zu entspannen und anzuregen.

■ *Affirmationen:* Siehe Asthma.

Diabetes

Im Falle von Diabetes wachsen die Blutfettzellen zu schnell und verursachen eine Verschlechterung des Blutes. Das Sonnengeflecht sollte mit gelbem Licht bestrahlt werden, und der Patient sollte 2mal täglich gelb bestrahltes Wasser trinken. Diese Farbenbehandlung soll die Bildung von Fett reduzieren und das Blut unterstützen. Wenn sich die Bildung von Fettzellen reduziert, wird der Durst sinken. Diese Krankheit verursacht eine große Entleerung/Erschöpfung der Kräfte, und deshalb ist eine gründliche und lange Behandlung unbedingt notwendig.

Bestrahlt wird mit Gelb und Gold, je 2mal täglich 15 Minuten. Wenn es Ihnen besser geht, eventuell nach 2–3 Wochen, kann zusätzlich 1mal täglich für 10 Minuten mit Violett bestrahlt werden. Gelb hilft bei körperlicher Erschöpfung, während Violett bei seelischer Erschöpfung nützlich ist. Violett muß vorsichtig eingesetzt werden, zuviel Violett irritiert und hat den gegenteiligen Effekt: Es macht unruhig und gereizt.

■ *Affirmationen:* Ich lebe in der Gegenwart und nicht in der Zukunft, d. h. meine Erwartungen beziehen sich auf das

Hier und Jetzt. Ich versuche bewußt, jeden Tag etwas Positives und für mich Erfreuliches zu erreichen, d. h. ich plane täglich bewußt Dinge, an denen ich mich erfreue. Ich lasse alle Kontrolle über andere los und lerne, mich positiv auf mich zu beziehen. Dadurch werde ich innerlich unabhängig, zunächst von anderen und langfristig auch von der Krankheit.

Depressionen

Depressionen werden mit Gelb und Gold täglich 3mal jeweils 15–20 Minuten lang bestrahlt. Nach ungefähr einer Woche kann man zusätzlich einmal täglich 10–15 Minuten mit Violett bestrahlen. Bei Depressionen sollte man sehr darauf achten, helle Kleidung zu tragen, die den Heilungsprozeß unterstützt und ebenso auf eine leichte Ernährung: viel Salat, wenig Fleisch und viel gelbe, orangene und rote Nahrung.

- *Affirmationen:* Siehe Angstzustände, aber anstelle von Angst das Wort Depressionen einsetzen.

Durchfall

Durchfall behandelt man mit Blau und Indigo. Bestrahlungsdauer ca. 20–25 Minuten, 3mal täglich. Man kann die Bestrahlung noch durch Grün ergänzen, 3mal täglich 10–15 Minuten lang.

- *Affirmationen:* Meine Aufnahme, Anpassung und Ausscheidung von Nahrung, Ideen, Gefühlen, d. h. von Leben insgesamt, ist völlig in Ordnung und ausgeglichen. Ich bin in Frieden mit mir selber und dem Leben.

Ekzeme

Ekzeme werden mit Blau bestrahlt. Auf die befallenen Stellen können »blaue« Umschläge gemacht werden, d. h. weiße Tücher, die entweder mit Blau bestrahlt oder in blaues Wasser getaucht wurden.

Beim Visualisieren nehmen wir »einen großen Pinsel« (siehe Kapitel »Farben visualisieren«) und stellen uns vor, daß wir die befallenen Stellen mit Blau anstreichen. Während des Tages »baden« wir visuell die befallenen Stellen in Blau und »streichen« sie dabei immer wieder mit dem blauen Pinsel an.

Bei den Atemübungen mit Blau visualisieren wir, wie das Blau die Innenseite der Haut berührt und wie die Arterien, die die Haut ernähren, beim Ausatmen mitgereinigt werden.

- *Affirmationen:* Siehe Hautkrankheiten.

Emotionale Anspannungen

Im Falle von emotionalen Anspannungen bestrahlt man vor allem den Kopf, das Herz-Chakra und das Sonnengeflecht mit Orange und Gelb, 3mal täglich 20 Minuten lang. Nach einer Woche kann zusätzlich mit Violett bestrahlt werden, 1mal täglich 15 Minuten. Man achtet darauf, daß man helle, freundliche Kleidung trägt.

Die Atemübungen werden ebenfalls mit Orange und Gelb durchgeführt sowie die Visualisation und das Meditieren. Das Essen sollte leicht verdaulich und von hellen Farben sein.

Bei den Atemübungen darauf achten, wo die Anspannung im Körper sitzt, und diese Stelle dann mit dem imaginären Pinsel (siehe Kapitel »Farben visualisieren«) in

Orange und Gelb anmalen. Beim Ausatmen darauf achten, daß bei jedem Atemzug ein Stück der Anspannung den Körper verläßt.

Entzündungen

Alle Entzündungen werden grundsätzlich mit Blau behandelt. Die Bestrahlungen werden 3mal täglich 10–20 Minuten lang durchgeführt. Es kann zusätzlich mit Grün bestrahlt werden, das einen beruhigenden und ausgleichenden Effekt hat.

Die entzündeten Stellen können mit blauen Umschlägen umwickelt werden (entweder blaufarbiger Stoff oder weißer Stoff in blaues Wasser gelegt oder auch mit Blau bestrahlt).

- *Affirmationen:* Ich lasse meinen Ärger, meine Wut los und konzentriere mich auf die Freuden von heute. Ich gestalte meinen heutigen Tag so positiv wie möglich, dadurch »vergesse« ich meinen Ärger und lasse diese negativen Energien los. Das gibt mir Kraft und neue Energien, um den morgigen Tag noch besser zu gestalten. Ich kann meinen Ärger loslassen und so auch die Infektionen, sie können abklingen.

Epilepsie

Epilepsie ist eine Explosion von Energie im Gehirn, welche sich in Form eines Anfalls manifestiert. Das Ergebnis ist Angst und Unsicherheit sowie eine Verminderung der Funktionen der Nerven und anderer vitaler Funktionen, jeweils abhängig von dem Grad des Anfalls und der Art der Epilepsie.

Im Falle von Epilepsie sollte mit blauem Licht (Indigo) bestrahlt werden und orange-bestrahltes Wasser getrunken werden.

Wenn die Epilepsie allerdings schon lange besteht, ist in der Regel das Gewebe des Gehirns (Nerven) mehr oder weniger stark beeinträchtigt, und eine erfolgreiche Behandlung ist sehr schwierig.

Erfolgreich bei Epilepsie sind Visualisierungstechniken. Es wird visualisiert, wie sich das Gehirn entspannt und die Farben durch das Gehirn und die Gehirnnerven und Synapsen gehen. Diese Übung sollte ständig wiederholt werden, um dem Gehirn wirklich die Möglichkeit zur Entspannung zu geben.

- *Affirmationen:* Ich lasse alle Anspannung und Streß los. Mein Gehirn ist entspannt.

Erschöpfung

Körperliche Erschöpfung wird mit Orange behandelt. Der ganze Körper wird bestrahlt, 3mal täglich 15–20 Minuten lang. Man trägt verstärkt Orange und achtet beim Essen auf die Einnahme von orangefarbigen Nahrungsmitteln.

Atemübungen, Visualisation und Meditation werden mit Orange durchgeführt. Zusätzlich kann 1mal täglich 15 Minuten lang der Körper mit Gold bestrahlt werden.

Seelische Erschöpfung wird mit Indigo und Violett behandelt, 3mal täglich 15 Minuten lang. Obwohl der ganze Körper bestrahlt wird, konzentriert man sich besonders auf die drei oberen Chakren.

- *Affirmationen:* Ich lasse allen Streß und alle Anspannung los und vertraue dem Fluß des Lebens. Die Dinge werden sich für mich richtig entwickeln, und ich werde in der Lage sein, alle Anforderungen mit meinen mir zur Verfügung stehenden Möglichkeiten bestens zu bewältigen.

Fieber

In Fällen von Fieber sollte der ganze Körper mit Blau bestrahlt werden, in regelmäßigen Abständen auch der Herd, der das Fieber hervorgerufen hat. Außerdem kann sowohl der Kopf als auch der Fieberherd mit blauen Umschlägen behandelt werden (weiße Tücher, entweder mit Blau bestrahlt oder aber in mit Blau bestrahltem Wasser gelegt).

Die Dauer der Bestrahlung hängt von der Höhe des Fiebers ab. Bei hohem Fieber bis zu 5mal täglich 10-20 Minuten, bei mittlerem Fieber 3mal täglich 15–20 Minuten lang.

Gallenkolik

Blau bestrahltes Wasser sollte stündlich getrunken werden. Außerdem kann die Galle mit Blau ca. 10 Minuten in 2–3stündigem Abstand bestrahlt werden. Das Milz-Chakra kann mit Orange bestrahlt werden, das unterstützt die Lebensfreude, erhöht die Durchblutung und hilft dadurch, die durch den unterdrückten Ärger angestauten Giftstoffe aus dem Körper zu transportieren. Atemübungen mit Blau beruhigen und wirken beruhigend auf die Krämpfe.

- *Affirmationen:* Siehe Gallensteine.

Gallensteine

Bei Gallensteinen wird die Galle mit Gelb bestrahlt, 3mal täglich 20 Minuten lang. Es wird verstärkt Gelb in der Nahrung zu sich genommen und der ganze Bauch mit dem imaginären Pinsel Gelb »angestrichen« (siehe Kapitel »Farben visualisieren«).

Bei den Atemübungen wird Gelb tief eingeatmet bis in die Gallenblase, und beim Ausatmen lassen wir alle Anspannung und Verkrampfung aus der Gallenblase und dem Bauch mit heraus. 20 dieser Atemübungen, 3mal täglich durchgeführt, bringen sehr schnell eine Erleichterung.

- *Affirmationen:* Bitterkeit, Verachtung, Stolz und Härte gehören der Vergangenheit an. Die Energien dieser Gefühle sind negativ und manifestieren sich körperlich und blockieren damit neue Erkenntnisse, neue Erfahrungen und neue Wege; sie blockieren meine Gegenwart und meine Zukunft. Ich lasse die Vergangenheit los und konzentriere mich auf die Gegenwart und die Erfüllung meiner positiven Bedürfnisse in der Gegenwart.

Gastritis

Bei einer Gastritis wird der Magen abwechselnd mit Blau und Gelb behandelt. Man bestrahlt den Magen 4mal täglich mit beiden Farben abwechselnd jeweils 15 Minuten. Außerdem »streicht« man mit dem »imaginären« Pinsel (siehe Kapitel »Farben visualisieren«) die Farben während des Tages immer wieder auf den Magen und konzentriert sich auch bei den Atemübungen auf die Einnahme der Farben in den Magen. Bei jedem Ausatmen werden die negativen Teile im Magen mit ausgeatmet.

Visualisierungsübungen und Meditationen sollten täglich durchgeführt werden, um die Anspannung aus dem Körper zu nehmen.

- *Affirmationen:* Siehe Magenprobleme.

Gehirnerschütterung

Der Kopf wird mit Blau bestrahlt, und auf die betroffenen Stellen werden blaue Umschläge gelegt (entweder blaufarbiger Stoff oder weißer Stoff, mit Blau bestrahlt oder in blau bestrahltes Wasser gelegt). Die Bestrahlung kann zwischen 20–30 Minuten bis zu 4mal täglich wiederholt werden.

Es empfiehlt sich außerdem, vor dem Einschlafen, wenn man schon im Bett liegt, den Kopf noch einmal mit Blau zu bestrahlen. Diese Bestrahlung beeinflußt die Prellungen und Schwellungen sehr günstig, und sie sind unter Umständen am nächsten Tag schon verschwunden.

Beispiel: Im Falle einer Gehirnerschütterung eines großen 12jährigen Jungen kam die Mutter kurz nach dem Unfall zu mir zur Behandlung. Die linke Kopfseite war stark angeschwollen und hatte sich schon verfärbt. Dem Jungen war übel und sehr schwindelig. Er konnte sich kaum mehr auf den Beinen halten. Nach 20 Minuten Blau-Bestrahlung des Kopfes fühlte er sich bereits wesentlich besser, und die Schwellung hatte schon nachgelassen.

Zu Hause bestrahlte die Mutter noch einmal 30 Minuten lang. Am nächsten Morgen war keine Schwellung mehr vorhanden, auch die Verfärbung war völlig verschwunden.

Die Mutter bestrahlte den Kopf weiterhin 3 Tage 2mal täglich 20 Minuten. Innerhalb dieser Zeit waren auch die Schmerzen völlig verschwunden.

Geistige Störungen – Geisteskrankheit

Bei der Bestrahlung von Geisteskrankheiten hat man mit der Bestrahlung mit Indigo gute Erfolge erzielt. Die Farbe reduziert nervöse und aufgeregte Phasen in der Krankheit, während im Falle von Depressionen und Debilität die Patienten auf Orange und Gelb positiv reagieren, da beide Farben anregend sind.

- *Affirmationen:* Siehe Depressionen; nervöse Beschwerden.

Gelbsucht

Bei Gelbsucht wird der ganze Körper – und besonders intensiv die Leber – mit Blau und Indigo bestrahlt.

Es sollten kleinere Mengen von blaubestrahltem Wasser regelmäßig getrunken werden und der Körper, vor allem die Lebergegend, regelmäßig 4mal täglich mit starkem Blau bzw. Indigo bestrahlt werden, d. h. mit einer Glühbirne von 100 Watt. Zusätzlich kann noch mit Grün und eventuell mit Rosa gearbeitet werden. Grün sorgt für Ausgleich bei der Verwertung der Nahrung, aber auch bei der Verarbeitung von Ideen und Gefühlen; Rosa ist als Mischung zwischen Rot (Lebensfreude, Kraft, Stärke) und Weiß (Unschuld, Arglosigkeit, Reinheit) die Farbe der Reinigung.

- *Affirmationen:* Ich habe meine Widerstände gegen Neues und Veränderungen aufgegeben sowie Angst, Ärger und Enttäuschung über die Vergangenheit. Mein Verstand und Geist sind gereinigt und frei. Ich verlasse die Vergangenheit und bewege mich frei in das Neue, in die Zukunft hinein.

Gelenkentzündungen

Gelenkentzündungen werden mit Blautönen (Blau, Indigo, Blaugrün, Blauviolett) behandelt. Man bestrahlt 5–6mal täglich ca. 10 Minuten. Die entzündeten Stellen werden mit dem »imaginären« Pinsel in den Blautönen »angestrichen« (siehe Kapitel »Farben visualisieren«). Nach 2–3 Tagen werden auch die nicht entzündeten Gelenke bestrahlt und »angestrichen«. Dadurch werden sie entlastet und entspannt. Das wirkt sich positiv auf die entzündeten Gelenke aus.

Bei den Atemübungen, der Visualisation und Meditation die Farben in die Gelenke schicken und die Entzündungen beim Ausatmen mit herausnehmen.

Geschlechtskrankheiten

Geschlechtskrankheiten werden vorwiegend mit Grün und Rosa behandelt und zusätzlich mit Orange. Bestrahlungsdauer ca. 10–15 Minuten 3–4mal täglich. Hier sind Farbvisualisationen und -meditationen besonders wichtig.

- *Affirmationen:* Ich erlebe meine Sexualität ungezwungen, frei und mit großer Freude. Sie ist ein wesentlicher Ausdruck meiner Individualität und meiner Freude am Leben. Ich kann mich für einen Partner entscheiden, mit dem ich Freude und Individualität erfahre. Ich bin völlig frei in der Auswahl, aber auch in der Erfahrung meiner Sexualität. Da ich frei bin, kann ich auch mit Sexualität verantwortungsbewußt umgehen.

Geschwüre

Geschwüre werden mit Blau behandelt: es wird bestrahlt, »blaue« Umschläge gemacht (blaufarbiger Stoff oder weißer Stoff, mit Blau bestrahlt oder in blau bestrahltes Wasser gelegt). Es soll viel Blau gegessen und getrunken werden; außerdem Blau visualisieren und meditieren. Die Bestrahlungsdauer kann zwischen 15 und 20 Minuten liegen, bis zu 4mal täglich. Als zusätzliche Farbe kann man mit Grün arbeiten, die Bestrahlungsdauer liegt hier bei 10 Minuten, 3mal täglich.

- *Affirmationen:* Ich kann meinen Ärger im Körper, aber auch im Geist und in den Emotionen loslassen; ich brauche nicht mehr »überzukochen« vor unterdrücktem Ärger. Mein Ärger und möglicherweise Haß gegen andere nehmen mir die Energien, um mich um erfreulichere und positivere Erfahrung für mich zu kümmern. Die Geschwüre sind ein Reinigungsprozeß, der mit diesen unterdrückten, negativen Ausdrucksformen abschließt. Ich kann frei und gereinigt in neue positive und mich fördernde Lebensabschnitte hineingehen.

Gicht

Die von Gicht befallenen Stellen werden abwechselnd 3mal täglich 10 Minuten mit Indigo und Violett bestrahlt, indigofarbene und violette Umschläge werden aufgelegt (weiße Tücher, mit Indigo oder Violett bestrahlt oder in mit Indigo oder Violett bestrahltes Wasser gelegt). Außerdem werden die Stellen mit dem »imaginären« Pinsel in Indigo und Violett »bestrichen« (siehe Kapitel »Farben visualisieren«).

Bei den Atemübungen, der Visualisation und Meditation werden die Farben zu den erkrankten Stellen geleitet, die dadurch von innen gereinigt werden.

- *Affirmationen:* Ich brauche nicht immer im Recht zu sein. Ich kann Ärger und Ungeduld mit mir und anderen loslassen und mich frei fühlen und mich selbst anerkennen. Mit dem Loslassen meiner negativen Gefühle schaffe ich Energien, mit denen ich den heutigen sowie morgigen Tag und die Zukunft freier gestalten kann.

Glatze

Die Glatze wird mit Violett 3mal täglich für 15 Minuten bestrahlt. Das regt die Haarproduktion an. Außerdem wird der Kopf mit dem »imaginären« Pinsel regelmäßig mit Violett »bestrichen«. Die Haarproduktion wird zusätzlich durch Visualisation angeregt: Stellen Sie sich Ihren Kopf immer wieder völlig beharrt vor (siehe Kapitel »Farben visualisieren«).

Halsschmerzen

Der Hals sollte in einem regelmäßigen zeitlichen Abstand ca. 10–15 Minuten mit blauem Licht bestrahlt werden. Ein Glas mit Blau bestrahltem Wasser halbstündlich trinken. Eine weitere Hilfe zur Behandlung sind Blau-Meditationen. Das Kehlkopf-Chakra ist ganz besonders empfindlich gegenüber geistigen Ereignissen/ Erlebnissen.

Hämorrhoiden

Hämorrhoiden werden mit Blau bestrahlt und mit dem »imaginären« Pinsel mit Blau »angepinselt« (siehe Kapitel »Farben visualisieren«).
Es empfehlen sich Sitzbäder sowie Atemübungen und Meditationen mit Blau.

- *Affirmationen:* Ich lasse allen Druck aus der Vergangenheit und Gegenwart, der zur Anspannung und Verkrampfung führt, los und konzentriere meine Energien auf die Gegenwart, um damit die Zukunft positiv zu beeinflussen. Ich habe alle Zeit und allen Raum, den ich benötige, für all das, was ich gerne tun möchte.

Hauterkrankungen

Die heilende Farbe für Hauterkrankungen ist Orange, zur Anregung der Lebensfreude, besonders dann, wenn emotionale Verspannungen zugrunde liegen. Die erkrankten Stellen werden 3mal täglich ca. 10–15 Minuten mit Orange bestrahlt. Man trägt Kleidung in der entsprechenden Farbe und badet, trinkt und ißt orangefarbene Lebensmittel und visualisiert oder/und meditiert mit Orange. Blau kann besonders bei Juckreiz zur Kühlung angewendet werden.

- *Affirmationen:* Ich brauche mich nicht unnötig zu schützen, meine Haut kann aufnehmen, was sie zum Leben und zum Austausch braucht, und das, was sich im Körper aufgestaut hat, kann durch die Haut nach draußen gelangen. Dieser Austausch zwischen innen und außen hilft mir, mich dem Fluß des Lebens anzupassen, und es wird mein Bewußtsein und meine Kenntnis über mich selbst erweitern und vertiefen.

Hautwunden und Schnitte, Brandwunden etc.

Die verletzten Stellen mit blau bestrahltem Wasser behandeln sowie mit Blau bestrahlen, 3mal täglich 15 Minuten. Das Wasser beruhigt die brennenden Schmerzen und reduziert die Hitze der Wunde. Zusätzlich zur Bestrahlung sollten auch kleine Mengen blau bestrahltes Wasser getrunken werden.

Heiserkeit

Den Hals und den Kehlkopf sollte man mit blauem Licht bestrahlen und blau bestrahltes Wasser trinken. Blau sollte eingeatmet werden, und der Patient sollte mit Blau meditieren. Blaue Schals unterstützen den Heilungsprozeß zusätzlich.

Herzklopfen (Palpitation)

Zur BEhandlung des häufig subjektiv als unangenehm empfundenen starken Herzklopfens blau bestrahltes Wasser häufig und regelmäßig trinken, abwechselnd mit grün bestrahltem Wasser.

Herzschmerzen und Blutdruckprobleme

Die meisten Herzkrankheiten haben ihre Ursache im emotionalen Körper. Grün als Farbe des Ausgleiches und der Balance sollte hier angewandt werden.

Man sollte mit grünem Licht bestrahlen, mit Grün meditieren. Die grüne Bestrahlung sollte schwerpunktmäßig auf die Herzgegend (Herz-Chakra) erfolgen, 3mal täglich 25 Minuten lang.

Außerdem sollte der Patient grün bestrahltes Wasser trinken und soviel wie möglich an grüner Nahrung zu sich nehmen.

Im Falle von niedrigem Blutdruck bestrahlt man mit einem tieferen Grün und im Falle von hohem Blutdruck mit einem schwachen, fahlen Grün.

- *Affirmationen:* Ich entscheide mich, durch mein offenes Herz zu leben, und lasse los von den unterdrückten Eingrenzungen meiner Gefühle. Ich suche die Liebe und werde sie überall finden. Das Herz wird problemlos arbeiten, und die Probleme mit dem Blutdruck werden verschwinden und der Vergangenheit angehören.

Herz- und Kreislaufbeschwerden

Grün ist hier die hauptsächlich heilende Farbe, sie wirkt ausgleichend und harmonisierend. Es wird mit Grün bestrahlt, 4mal täglich 15–20 Minuten. Der ganze Raum, in dem man sich aufhält, kann während des Abends mit grünem Licht beleuchtet werden. Man sollte unterschiedliche Grüntöne tragen, damit der Bereich des gesamten grünen Spektrums auf uns wirkt. Die Wirkung kann mit Blau zur Beruhigung und Heilung verstärkt werden, aber auch mit Rosa, zur Anregung und Steigerung der Lebensfreude. Vorsicht mit Rot, denn Rot regt an, stimuliert, fördert die Blutbildung und und kann für einen schwer Herzkranken zu anregend sein.

- *Affirmationen:* Mein Herz schlägt im Rhythmus der Freude. Ich finde Freude und Liebe in meinem Leben und bringe diese Freude zu meinem Herzen, damit es im Rhythmus der Freude schlagen kann. Ich mache Platz in meinem Herzen für die Liebe, die in mich hineinfließen kann und mich dabei erwärmt und alle Energien in meinem Körper zur Heilung anregt. Ich lasse Enttäuschungen und Aggressionen los und fühle mich dadurch nicht mehr eingeengt und nicht mehr krank.

Hexenschuß

Siehe Lumbago.

Husten (Hustenschleim)

Der Hustenschleim baut sich schnell ab, wenn die Brust 2mal täglich mit Orange für 1 5 Minuten bestrahlt wird, und man 2mal täglich orange bestrahltes Wasser trinkt.

Ischias

Ischias wird abwechselnd mit Rot und Blau 3mal täglich 15 Minuten bestrahlt, Rot eventuell 10 Minuten lang. Wenn Rot zu anregend ist, kann man Rosa einsetzen.

Es werden blaue Umschläge gemacht (weiße Tücher, die mit Blau bestrahlt oder in mit Blau bestrahltes Wasser gelegt wurden).

- *Affirmationen:* Ich habe keine Angst vor der Zukunft, vor Geldmangel. Ich bin mit mir und meinen Mitmenschen ehrlich und aufrichtig. Es gibt keinen Grund, zu lügen. Mit negativen Gefühlen blockiere ich meine Gegenwart und damit auch meine Zukunft. Ich bin frei für eine positive und glückliche Zukunft.

Katarakt – Grauer Star

Regelmäßige Atemübungen mit Indigo sind angebracht, und das Auge (die Augen) sollte(n) regelmäßig mit Indigo gebadet werden (siehe Kapitel »Mit Farben baden«).

Man legt feuchte Tücher auf die Stirn. Weiterhin werden die Augen und die Stirn mit Indigo bestrahlt. Die Bestrahlungsdauer sollte ca. 30 Minuten betragen. Die emotionalen und psychologischen Bedingungen des Klienten sollten in diesem Falle in Betracht gezogen werden. Außerdem mit Rosa visualisieren.

- *Affirmationen:* Ich sehe mit Freude in die Zukunft. Mit der Angst vor der Zukunft blockiere ich die Freude und bringe mich damit selbst auf den Weg zum Unglücklichsein. Ich lasse diese Angst los und freue mich auf den heutigen Tag, den morgigen Tag und die Zukunft. Ich freue mich auf jeden Moment, der mich erwartet.

Kieferentzündungen

Kieferentzündungen werden mit Blau bestrahlt, 4mal täglich für jeweils 15–20 Minuten. Mit dem »imaginären« Pinsel (siehe Kapitel »Farben visualisieren«) wird der Kiefer blau »angestrichen«, es wird mit Blau visualisiert und meditiert.

- *Affirmationen:* Ich habe keine Angst vor den augenblicklichen Lebensproblemen. Ich kann das Leben anpacken und Entscheidungen treffen und diese Entscheidungen auch durchsetzen. Ich bin stark genug, um die augenblicklichen und zukünftigen Lebensprobleme zu lösen.

Knochenentzündungen

Bei Knochenentzündungen sind Blautöne angezeigt: Blau, Blaugrün und Blauviolett. Die entzündeten Stellen werden mit blauen Umschlägen behandelt: weiße Tücher, die entweder mit Blau bestrahlt oder aber in mit Blau bestrahltes Wasser gelegt wurden. Die entzündeten Knochen werden mit Blau bestrahlt, 3mal täglich 15 Minuten.

- *Affirmationen:* siehe Bewegungsapparat, Krankheiten des Bewegungssystems.

Knochenprobleme

Knochenbrüche und Knochenverformungen werden mit Grün und Rosa behandelt. Zunächst wird 3–4 Tage 3mal täglich die kranke Stelle mit Grün bestrahlt, oder es werden grüne Umschläge aufgelegt (weiße Tücher, die mit Grün bestrahlt oder in mit Grün bestrahltes Wasser getaucht wurden). Anschließend kann man zusätzlich mit Rosa bestrahlen, 2mal täglich 10–15 Minuten. Die kranken Stellen können auch mit dem »imaginären« Pinsel« (siehe Kapitel »Farben visualisieren«) mit Grün und Rosa »angestrichen« werden. Das beschleunigt den Heilungsprozeß sehr.

- *Affirmationen:* Ich bin ausgeglichen und harmonisch in meinen Gefuhlen und Gedanken.

Koliken

Blau bestrahltes Wasser mit seinem kühlenden Effekt ist ein gutes Mittel gegen Koliken und sollte im Abstand von 15 Minuten regelmäßig getrunken werden, bis die Kolik abgeklungen ist, danach im Abstand von ca. 30–45 Minuten. Zusätzlich können zur Entspannung Atemübungen mit Blau und Grün durchgeführt werden.

- *Affirmationen:* Ich kann meine Gefühle und Gedanken zulassen und sie auch klar und deutlich ausdrücken. Ich brauche mich nicht vor mir selbst zu verstecken. Ich lasse Gefühle nicht aufstauen, so daß sie sich in einer Kolik Luft verschaffen müssen. Ich bin geduldig mit mir selbst und lasse meinen Ärger los. Ich bin ausgeglichen und kann mit neuen Ideen und neuen Erfahrungen den heutigen Tag und die Zukunft erleben.

Kopfschmerzen

Der ganze Kopfbereich kann mit grünem Licht bestrahlt werden, das eine beruhigende Wirkung hat. Das Nervensystem reagiert positiv auf Grün und entspannt sich.

- *Affirmationen:* Siehe Migräne.

Krebs

Krebserkrankungen werden mit Grün und Gold bestrahlt, 3mal täglich 10–20 Minuten. Außerdem werden Atemübungen mit diesen Farben durchgeführt. Sie entspannen und geben Selbstvertrauen.

- *Affirmationen:* Ich lasse meine Vergangenheit und die unglücklichen Erfahrungen los. Ich übernehme Verantwortung für mich selbst, für die Gegenwart und die Zukunft. Ich fülle Gegenwart und Zukunft mit Freude und Glück. Ich akzeptiere mich wie ich bin und beginne sofort mit der Übernahme der Eigenverantwortung, Freude und Glück in mein Leben zu bringen.

Kropf

Der Patient sollte regelmäßig mit blau bestrahltem Wasser gurgeln, und der Kehlkopf sollte ca. 30 Minuten mit Blau bestrahlt werden.

Leberprobleme

Die Leber wird hauptsächlich mit Grün behandelt, der Farbe des Ausgleichs und der Harmonisierung. Nur im Falle einer Leberentzündung wird vorwiegend Blau eingesetzt, wie bei allen Entzündungen (siehe Entzündungen).

Es wird mit Grün bestrahlt, »grüne« Umschläge werden aufgelegt (grünfarbiger Stoff oder in Grün bestrahltes Wasser getauchter weißer Stoff oder mit Grün bestrahlter Stoff). Bei Lebererkrankungen muß auf die richtige Ernährung geachtet werden, d. h. grüne Nahrung ist hier von besonderer Wichtigkeit. Das Baden in Grün, Atemübungen und Meditationsübungen mit Grün beschleunigen den Heilungsprozeß.

- *Affirmationen:* Ich höre auf, mich ständig über meine Lebenssituationen und die Mitmenschen zu beschweren, um von meinen eigenen Problemen abzulenken. Ich kann zu meinen eigenen Problemen stehen, sie akzeptieren und mich verändern. Ärger, Enttäuschung und andere verantwortlich zu machen sind negative Emotionen und Gedanken, die mich und andere im Leben blockieren. Ich werde die positiven Seiten des Lebens wahrnehmen und auch die positiven Seiten der anderen. Ich stehe mir ab sofort nicht mehr im Wege, sondern beginne mit einer positiven Gegenwart, die zu einer positiven Zukunft führt.

Lumbago (Hexenschuß)

Lumbago wird abwechselnd mit Rot und Blau bestrahlt, 4mal täglich jeweils 15–20 Minuten. Außerdem werden rote und blaue Umschläge gemacht: blauer oder roter Stoff oder ein weißes Tuch werden entweder mit der entsprechenden Farbe bestrahlt oder in mit der Farbe bestrahltes Wasser gelegt.

- *Affirmationen:* Ich habe genug finanzielle Sicherheit für mein Leben. Das Geld kommt in dem Maße, wie ich es benötige. Materielle Unsicherheit in Krankheit umzusetzen, ist die allerbeste Voraussetzung, daß diese Angst sich auch in der Realität manifestiert, da man für bestimmte Zeiten nicht arbeiten kann und sich dadurch diese negativen Gefühle noch verstärken. Das Leben hat mich geboren und trägt mich auch. Ich vertraue dem Lebensprozeß. Ich fühle mich im Leben sicher und geborgen.

Lungenentzündung

Die Lungen sollten regelmäßig ca. 30 Minuten lang mit Indigo bestrahlt werden, und zwar im Abstand von ca. 3 Stunden. Atemübungen und Meditationen mit Indigo regelmäßig durchführen, und man sollte mit Indigo bestrahltes Wasser trinken. Indigo heilt die Lungenzellen, senkt das Fieber und unterstützt die Heilungsfunktionen des gesamten Körpers.

- *Affirmationen:* Es ist genug Raum für mich und meine Bedürfnisse im Leben vorhanden. Ich kann frei atmen und mich ausdehnen. Jegliche Eingrenzung liegt in mir, doch ich kann meinen Lebensraum ausdehnen, d. h. quantitativ und qualitativ verändern.

Lungenprobleme

Alle anderen Lungenprobleme werden mit Rot behandelt (Krebs mit Grün und Gold). Es wird 3mal täglich bestrahlt. Atemübungen werden mit Rot durchgeführt, dabei wird das Rot tief in die Lungen eingeatmet und aller Unrat beim Ausatmen mit herausgenommen. Visualisationen und Meditationen sind unbedingt notwendig, um den Heilungsprozeß zu beschleunigen.

- *Affirmationen:* Siehe Lungenentzündung.

Magenprobleme

Probleme mit dem Magen werden abwechselnd mit Gelb und Orange behandelt. Man bestrahlt täglich 3mal 20–25 Minuten. Bei den Atemübungen werden die Farben durch den Magen geführt. Der Magen wird dadurch gereinigt. Auch hier unterstützen Visualisation und Meditation den Heilungsprozeß.

- *Affirmationen:* Ich lasse meine Angst vor dem Neuen und dem Unbekannten los und sehe meine Lebenserfahrungen mit neuen, positiven Augen an. Ich kann meine Erfahrungen unbeschwert verdauen und die Angst vor dem Neuen loslassen. Dadurch habe ich die Möglichkeit, mich vorwärts zu bewegen. Ich freue mich auf neue Ideen und neue Erfahrungen.

Migräne

Die heilenden Farben bei allen Arten von Kopfschmerzen sind Grün, Blau und Gold. Bei Migräneanfällen kann mit allen Farben bestrahlt werden.

Grün und Gold beruhigen, Blau kühlt und beruhigt. Die Bestrahlungszeit liegt zwischen 5–15 Minuten, je nach dem Befinden des Patienten. Es empfiehlt sich, mit geringerer Bestrahlungsdauer zu beginnen und sie dann langsam zu steigern. Es können grüne, blaue und goldfarbene Tücher auf den Kopf gelegt werden. Wenn die Anfälle abklingen, kann man versuchen, die entsprechenden Farben zu visualisieren und, wenn möglich, mlt ihnen zu meditieren.

- *Affirmationen:* Mein Kopf ist klar und leicht. Ich kann denken und fühlen, was ich will; es gibt keine Begrenzungen. Das, was ich bisher an Einschränkungen erfahren habe, kommt aus meinen eigenen unbewußten Denk- und Gefühlsstrukturen. Ich habe keine Angst vor dem, was gefühlsmäßig nach oben dringt. Ich habe das Recht, wütend und ärgerlich zu sein. Ich brauche mich deswegen nicht schuldig zu fühlen. Ich werde aber meine Energien nicht unnötig an Wut und Ärger binden. Ich mache mich davon frei und nehme mir vom Leben, was ich benötige, um frei und ausgeglichen leben zu können.

Milzerkrankungen

Erkrankungen der Milz werden mit Gelb und Orange behandelt. Die Farbe des Milz-Chakra ist Orange. Durch die Bestrahlung mit der Eigenfarbe werden die Aktivität des Chakra und die Selbstheilungskräfte angeregt und verstärkt.

Multiple Sklerose

Hier sollte, besonders im Falle eines akuten Schubes, hauptsächlich mit Grün behandelt werden, und zwar bis zu 10 – 25 Minuten 5mal täglich.

Zu Beginn der Behandlung fängt man mit je 10 Minuten Bestrahlungsdauer an, steigert sie dann auf 15 Minuten, danach auf 20 Minuten und schließlich auf 25 Minuten.

Bei nervösen Erscheinungen kann man mit Blau und Violett bestrahlen ca. 15 Minuten, bis zu 3mal täglich.

An multiple Sklerose erkrankte Menschen sollten ganz besonders auf eine ausgewogene Farbzusammenstellung beim Essen achten, d. h. sie sollten alle Farben zu sich nehmen.

Darüber hinaus kann mit Gelb und Orange behandelt werden. Es sollte jedoch durch Visualisieren und Meditieren, sofern das möglich ist, ausprobiert werden, wie die Farben auf einen wirken. Wer durch Gelb oder Orange irritiert wird, wendet diese Farbe nicht zur Bestrahlung an. Die Bestrahlungszeit von Gelb und Orange sollte 10 Minuten 3mal täglich zu Beginn nicht übersteigern.Wenn der Patient sich im Laufe der Behandlung besser fühlt, kann man die Bestrahlungszeit um jeweils 5 Minuten verlängern.

- *Affirmationen:* Ich lasse meine Vergangenheit und die unglücklichen Erfahrungen los. Ich übernehme Verantwortung für mich selbst vollständig, für die Gegenwart und für die Zukunft. Ich fülle Gegenwart und Zukunft mit Freude und Glück aus. Ich akzeptiere mich wie ich bin und beginne sofort mit der Übernahme der Eigenverantwortung, Freude und Glück in mein Leben zu bringen.

Muskelverspannungen

Muskelverspannungen werden mit Rot und Orange bestrahlt. Man kann die verspannten Stellen 4mal täglich bis zu 30 Minuten bestrahlen und auf die verspannten Stellen rote und orange Umschläge legen: entsprechend farbiger Stoff oder weißer Stoff wird entweder mit der jeweiligen Farbe bestrahlt oder in mit der Farbe bestrahltes Wasser gelegt.

- *Affirmationen:* Ich lasse alle Anspannung und Verspannung los. Ich werde mir gerecht und damit auch meiner Arbeit und meinen Mitmenschen. Unberechtigte Erwartungen kann ich ablehnen, sowohl meine als auch die meiner Umwelt. Ich bin in mir frei und kann mich ohne Verspannung frei bewegen.

Nervenentzündungen

Nervenentzündungen werden mit Blautönen behandelt: Blau, Blaugrün und Blauviolett. Der ganze Körper wird 3mal täglich ca. 10–25 Minuten bestrahlt.

Man beginnt zunächst mit 10 Minuten, steigert die Bestrahlungszeit am dritten Tag auf 15 Minuten usw. Bei der Visualisation stellen wir uns vor, daß die Blautöne durch die Nervenzellen fließen und sie beruhigen.

- *Affirmationen:* Negative Gefühle wie Angst, Unsicherheit, mit sich im Widerstreit liegen und sich keine Zeit lassen, behindern mich in der Wahrnehmung der Realität und dadurch in der Kommunikation mit meinen Mitmenschen und auch in meinen Handlungen. Ich kann negative Gefühle loslassen, mir Zeit für mich nehmen, um meine Konflikte auszutragen, und, als Folge davon, mit mir und meinen Mitmenschen besser kommunizieren. Ich habe alle Zeit, die ich benötige, um die Aufgaben zu erfüllen, die ich mir selbst gesetzt habe. Ich kann mich meinen eigenen Zielen frei und mit Freude und Verantwortung stellen.

Nervöse Beschwerden

Die Strahlen der violetten Farbe wirken sehr beruhigend auf das Nervensystem, aber auch Grün. Grün wirkt vor allem auf kreativ arbeitende Menschen, bei denen Geist und Nerven besonderem Streß und Anspannung ausgesetzt sind.

Die Komplementärfarbe ist Gelb, die anregend und stimulierend wirkt. Viele kreative Leute haben depressive Phasen, die dann wiederum am besten mit Gelb behandelt werden.

Atemübungen mit Gelb in depressiven Phasen und mit Violett in angespannten Phasen sind dann angebracht. Ebenso Meditationen mit den entsprechenden Farben. Farben-Atemübungen helfen, die Balance zu halten oder sie wieder zu erringen.

- *Affirmationen:* Siehe Nervenentzündungen.

Nierenerkrankungen

Nierenerkrankungen werden, wenn sie entzündlich sind, mit Blau und Indigo behandelt, und zwar 4mal täglich 10–25 Minuten.

Man beginnt mit 10 Minuten Bestrahlung und dehnt sie dann bis auf 25 Minuten aus. Zusätzlich können die Nieren mit Gelb behandelt werden, und zwar 3mal täglich 10–20 Minuten. Gelb dient zur Anregung und zur Funktionssteigerung.

Bei Entzündungen behandelt man einige Tage nur mit Blau und fügt dann nach dem Abklingen der Entzündungen Bestrahlungen mit Gelb hinzu.

Nierenkranke müssen besonders auf eine ausgewogene Farbernährung achten. Zusätzlich können Umschläge mit »blauen« Tüchern gemacht werden, nach Abklingen der Entzündung mit »gelben« Tüchern: entsprechend farbiger Stoff oder weißer Stoff wird entweder mit der jeweiligen Farbe bestrahlt oder in mit der Farbe bestrahltes Wasser gelegt.

Der Heilungsprozeß wird wesentlich beschleunigt, wenn man die Farben zusätzlich visualisiert und damit meditiert (siehe Kapitel »Farben visualisieren« und »Mit Farben meditieren«).

- *Affirmationen:* Jede Erfahrung ist letztendlich eine gute Erfahrung und führt mich zu einem erweiterten Bewußtsein und macht mich dadurch selbstsicherer. Je mehr ich über mich weiß, desto selbstsicherer werde ich und desto mehr weiß ich außerdem über andere. Selbsterkenntnis ist die beste Voraussetzung, auch andere zu verstehen und akzeptieren zu lernen. Indem ich in der Lage bin, mich selbst zu erkennen und dadurch auch andere zu erkennen, fühle ich mich im Leben sicher und kann ohne Probleme erwachsen werden.

Ohrenerkrankungen

Die heilenden Farben für alle Ohrenerkrankungen sind Orange und Blau/Indigo. Bestrahlungen können 3mal täglich angewandt werden mit einer Dauer von jeweils 15 bis höchstens 20 Minuten.

- *Affirmationen:* Ich kann all das hören, was für mich notwendig ist, um meine Umwelt klar und realistisch verstehen zu können.

Prellungen und Verstauchungen

Prellungen und Verstauchungen werden mit Blau behandelt: mit Blau bestrahlt, »blaue« Umschläge auflegen (blauer Stoff oder weißer Stoff, mit Blau bestrahlt oder in mit Blau bestrahltes Wasser gelegt). Es sollte verstärkt blaue Nahrung zu sich genommen werden und mit Blau visualisiert und meditiert werden. Die Prellungen können sehr schnell verschwinden, wenn man sie gründlich mit Blau behandelt.

Rheumatismus

In akuten Fällen sollten die rheumatischen Stellen mit Blau bestrahlt werden, 4mal täglich 15 Minuten lang; in chronischen Fällen jedoch mit Orange, 4mal täglich 20 Minuten. Die betroffenen Stellen können außerdem mit Tüchern der entsprechenden Farben umlegt werden (weiße Tücher, mit Blau oder Orange bestrahlt, oder Tücher, die in mit der entsprechenden Farbe bestrahltes Wasser gelegt wurden).

- *Affirmationen:* Ich kann meine Vergangenheit vergessen;

meine Gefühle von Bitterkeit, fehlender Anerkennung, mangelnder Liebe sowie meine Opferhaltung. Diese negativen Gefühle behindern mich an der Wahrnehmung der Realität und lassen mich die Gegenwart falsch sehen, und dadurch gestalte ich auch die Zukunft negativ. Ich kann mich von dieser Negativität frei machen und habe dadurch einen anderen Blick auf die Gegenwart und die Gestaltung der Zukunft.

Scheidenentzündungen

Scheidenentzündungen werden mit Blau bestrahlt, 3–4mal täglich 15 Minuten. Zusätzlich können blaue Bäder genommen werden, um den Heilungsprozeß zu unterstützen. Bei den Atemübungen die Farbe bis in die Scheide spüren und die Entzündung beim Ausatmen mitnehmen. Mit dem »imaginären« Pinsel die Scheide regelmäßig mit Blau »anmalen« (siehe Kapitel »Farben visualisieren«).

- *Affirmationen:* Siehe Entzündungen.

Schilddrüsenüberfunktion

Schilddrüsenüberfunktionen werden mit Blau behandelt. Es wird täglich 3–4mal über einen Zeitraum von 10–15 Minuten bestrahlt. Mit dem »imaginären« Pinsel die Schilddrüse regelmäßig mit Blau »anstreichen« (siehe Kapitel »Farben visualisieren«). Blau ist die Farbe des Kehlkopf-Chakras, und die Behandlung mit der eigenen Farbe beschleunigt die Heilung und entwickelt die eigene innere Heilkraft der Schilddrüse, aber auch des gesamten Körpers.

- *Affirmationen:* Ich habe keinen Grund, mich gedemütigt

oder unterlegen zu fühlen. Ich werde mir über meine Wünsche und Bedürfnisse klar und werde sie mir im Leben erfüllen können. Ich lasse meine alten Eingrenzungen hinter mir und kann mich nun frei und entspannt bewegen und mit anderen kommunizieren. Ich freue mich auf die Gegenwart und Zukunft.

Schilddrüsenunterfunktion

Die Schilddrüsenunterfunktion wird zur Anregung mit Gelb und Orange behandelt. Die Schilddrüse wird 3mal täglich 10 Minuten lang abwechselnd mit Gelb und Orange bestrahlt und zwischendurch mit dem »imaginären« Pinsel »angestrichen« (siehe Kapitel »Farben visualisieren«). Bei den Atemübungen die Schilddrüse von innen mit der Farbe behandeln und spüren, wie sie sich aktiviert.

Wenn sich die Werte bessern und die Schilddrüse aktiver wird, kann man kurzfristig 1mal täglich die Schilddrüse auch mit Blau bestrahlen (10 Minuten). Blau ist die Farbe des Kehlkopf-Chakras, und mit der Blaubestrahlung stimulieren wir die eigene Heilkraft der Drüse.

- *Affirmationen:* Die gleichen wie bei Schilddrüsenüberfunktion.

Schlaflosigkeit

Atemübungen mit Violett sind eine sehr effektive Hilfe bei Schlafstörungen, obwohl manche Menschen Blau oder Indigo bevorzugen. Für kreative Menschen mit dem intensiven Wunsch, sich selbst in ihrer Arbeit oder in ihrem Leben zu leben und auszudrücken, ist Violett die richtige Farbe, mit der man bei Schlafstörungen arbeiten sollte. Bestrahlt werden sollte jeden Abend vor dem Einschlafen 30 Minuten mit Grün.

Man kann und sollte einen Zeitschalter an die Lampe anschließen, der sich nach 30 Minuten Bestrahlungszeit ausschaltet, da man in der Regel während der Bestrahlung einschläft.

Zusätzlich kann man mit dem »imaginären« Pinsel das Gehirn und Kopf »anstreichen« (siehe Kapitel »Farben visualsieren«). Das unterstützt die Wirkung.

Beispiel: Eine Klientin litt seit mehreren Monaten an Schlafstörungen und konnte nur nach der Einnahme von Schlafmitteln einschlafen. Ich bestrahlte ihren Kopf 15 Minuten lang mit Grün. Sie war danach völlig erschöpft und hatte während der Behandlung das Gefühl, daß alle Unruhe und Unsicherheiten in ihrem Kopf »explodierten«. Die Behandlung fand während des späten Nachmittages statt. Sie fuhr nach Hause, legte sich ins Bett und schlief bis zum nächsten Morgen. Sie wiederholte die Grünbestrahlungen eine Woche lang. Danach war sie von den Schlafstörungen kuriert.

- *Affirmationen:* Ich kann mir den Schlaf nehmen, den ich brauche. Ich habe keinen Grund, mich durch Ängste, Unsicherheiten, Grübeln und schlechte Erwartungen an das Leben um den Schlaf zu betrügen. Ich vertraue dem Leben und darauf, daß die Dinge ihren gerechten Lauf nehmen.

Schnupfen

Schnupfen wird mit verschiedenen Blautönen behandelt: Blau, Blauviolett, Blaugrün. Der Kopf wird dabei 3–4mal täglich 15 Minuten lang bestrahlt und mit dem »imaginären« Pinsel in den Blautönen »angestrichen« (siehe Kapitel »Farben visualisieren«). Bei den Atemübungen schickt man die Farben durch alle Höhlen im Kopf: Stirn-, Nasen- und Kiefernhöhlen.

■ *Affirmationen:* Siehe Stirnhöhlenentzündungen.

Schuppen

Bei Schuppen wird die Kopfhaut mit Violett bestrahlt, 2mal täglich 15 Minuten lang. Man kann auch die Kopfhaut mit dem »imaginären« Pinsel mit Violett »anstreichen«, um den Prozeß zu beschleunigen (siehe Kapitel »Farben visualiseren«).

Stirnhöhlenentzündungen

Stirnhöhlenentzündungen werden wie Schnupfen behandelt. Bei Farbmeditationen wird klares Blau in Nase und Stirnhöhle hineingezogen, und man »spült« visuell die Stirnhöhlen und eventuell auch alle anderen Höhlen des Kopfes damit aus.
Das Blau, das den Kopf wieder verläßt, ist schmutzig und nicht mehr klar. Es hat den ganzen Unrat und die Infektionen mit hinausgenommen.

Die Bestrahlungen mit Blau werden 3mal täglich 15 Minuten lang durchgeführt.

■ *Affirmationen:* Ich kann meinen derzeitigen Ärger gegen eine nahestehende Person loslassen. Der Ärger wird bedeutungslos und unwichtig. Ich kann mich um mich und meine eigenen Bedürfnisse kümmern, ohne dabei aber die Bedürfnisse der Menschen, die mir nahestehen, zu verneinen.

Taubheit

Das betroffene Ohr sollte regelmäßig mit Indigo bestrahlt werden, 3–4mal täglich 15 Minuten lang. Außerdem sollte der Patient regelmäßig Atemübungen und Meditationen mit Indigo durchführen sowie mit Indigo bestrahltes Wasser trinken.

Taubheit ist oft auf eine falsche Einstellung des Kranken zu Menschen während der frühen Kindheit zurückzuführen. Menschen, die taub sind, ziehen sich oft in sich selbst zurück und setzen sich mit ihren eigenen Gefühlen nicht auseinander. Sie haben eine Neigung zum Grübeln, sind introvertiert und zu sehr mit sich selbst beschäftigt.

- *Affirmationen:* Ich lasse meine Vergangenheit los, die mich an einer offenen, freien und realistischen Einschätzung meiner selbst und meiner Mitmenschen hindert. Ich bin bereit, mit mir und meinen Mitmenschen frei und entspannt zu kommunizieren, und sehe der Gegenwart und Zukunft freudig entgegen.

Übermüdung

Bei Übermüdung wird mit Blau oder Grün vor dem Einschlafen etwa 30 Minuten lang bestrahlt. Während dieser Bestrahlungszeit schläft man in der Regel ein. Man kann einen Zeitschalter an die Lampe anschließen, der sich nach 30 Minuten Bestrahlungszeit ausschaltet, damit die Lampe nicht während der ganzen Nacht brennt.

- *Affirmationen:* Ich kann Anspannung und Streß loslassen und mir den Schlaf nehmen, den ich benötige. Ohne Anspannung und Streß gelingt mir die geforderte Arbeit besser, und alle Dinge gehen mir leichter von der Hand.

Ich freue mich auf den morgigen Tag. Ich werde allen Herausforderungen des morgigen Tages (der nächsten Woche etc.) entsprechend meinen Fähigkeiten gut gewachsen sein.

Umlauf (Panaritium)

Umläufe werden mit Blau bestrahlt, 3mal täglich jeweils 15–20 Minuten. Sie können zur Unterstützung der Behandlung auch in mit Blau bestrahltem Wasser gebadet werden.

Beispiel: Eine Mutter kam mit einem Teenager zur Behandlung. Der Junge hat an beiden großen Zehen einen Umlauf. Sie waren schon beim Arzt gewesen, der verschiedene Salben verordnet hatte. Die Umläufe entwickelten sich jedoch immer weiter. Mutter und Sohn hatten Angst, daß die Nägel beider Zehen gezogen werden müßten. Ich behandelte beide Zehen mit Blau. Bestrahlungszeit: 20 Minuten. Ich empfahl eine weitere Blaubestrahlung vor dem Schlafengehen und am Morgen vor der Schule. Drei Tage später rief die Mutter an und teilte mir mit, daß beide Umläufe völlig verschwunden seien.

- *Affirmationen:* Siehe Geschwüre.

Unfälle

Bei Unfällen siehe in den entsprechenden Rubriken nach wie z. B.: Prellungen und Verstauchungen oder Krankheiten des Bewegungsapparates, Infektionskrankheiten.

Insgesamt behandelt man Unfallopfer hauptsächlich mit Grün, Rosa und Blau; mit Grün und Rosa zum Ausgleich und zur Harmonisierung sowie mit Blau zur Beruhigung.

Bestrahlungszeit hängt von der Schwere des Unfalls und dem Zustand des Patienten ab. Mit Grün kann 4 – 5mal täglich ca. 20 – 30 Minuten lang unbesorgt bestrahlt werden.

- *Affirmationen:* Ich brauche keinen inneren und äußeren Krieg für meine Entwicklung. Ich brauche keine weiteren Unfälle, um darauf aufmerksam zu machen, daß ich einen anderen Weg einschlagen muß. Ich kann mich nun frei und ungezwungen im Leben bewegen. Ich kann Freude, Liebe und Bewegung sowie Erneuerung frei und ungezwungen zulassen und erfahren.

Verbrennungen

Verbrennungen werden mit Blau bestrahlt. Bei schweren Verbrennungen kann man den Patienten für längere Zeit unter der blauen Lampe liegen lassen (für 1–2 Stunden). Die Lampe sollte aber auf jeden Fall ca. 50–60 Zentimeter vom Körper entfernt sein. Die verbrannten Stellen können mit dem »imaginären« Pinsel mit Blau »gestrichen« werden (siehe Kapitel »Farben visualisieren«). Das kann aber auch von Freunden oder Verwandten ebenso durchgeführt werden. Diese konzentrieren sich auf den Patienten und »pinseln« die Verbrennungen mit Blau an.

- *Affirmationen:* Ich lasse allen angehäuften und verfestigten Ärger und alle Wut gegen mich und meine Umwelt los. Diese Gefühle blockieren mich und behindern meine Entwicklung. Ich konzentriere mich auf mich und meine Bedürfnisse, ohne aber die Bedürfnisse anderer zu verneinen. Ich gestehe anderen das Recht zu, sich anders zu verhalten, und fühle mich dadurch nicht beeinträchtigt. Ich sehe der Zukunft mit Freude entgegen. Ich werde alle Probleme meinen Fähigkeiten entsprechend meistern.

Verdauungsstörungen

Blau vermindert Verdauungsstörungen und stellt wieder eine normale Verdauung her. Siehe auch Durchfall und Verstopfung.

Verstauchungen

Verstauchungen werden zunächst mit Blau und dann nach eingetretener Besserung mit Rot bestrahlt.

Verstopfung

Bei Verstopfung wirkt Bestrahlung mit gelbem Licht am besten. Gelb stimuliert und dringt in den Bauchraum ein und aktiviert dadurch den Darm. Der Bauchraum sollte jeden Morgen und Abend ca. 20 Minuten lang mit gelbem Licht bestrahlt werden. Außerdem sollte viel gelbe Nahrung zu sich genommen werden wie Bananen, Pampelmusen, Zitronen.

Zwischendurch kann der Patient noch mit Gelb bestrahltes Wasser trinken, um den Prozeß zu beschleunigen. Unterstützend sind Atemübungen und Meditationsübungen mit Gelb.

- *Affirmationen:* Mein Bauch ist frei und leicht. Ich kann alte Gefühls- und Gedankenstrukturen loslassen, dadurch reinigen sich die Därme. Mit dem Loslassen von angestautem Ärger, von Enttäuschungen, Kummer und Sorgen und der Reinigung der Därme hebe ich diese Blockaden auf und schaffe so Raum zur Aufnahme von neuen Ideen und neuen Gefühlen. Ich integriere mich in den Fluß des Lebens und habe keine Angst mehr vor Erfahrungen, Veränderungen und Entwicklungen. Ich freue mich auf neue Erfahrungen und die Veränderungen, die diese mit sich bringen.

Warzen

Warzen werden aus 20 Zentimetern Entfernung 15 Minuten lang mit Blautönen bestrahlt: Blau, Blaugrün und Blauviolett.

Außerdem können sie zusätzlich mit dem »imaginären« Pinsel »angestrichen« werden (siehe Kapitel »Farben visualisieren«).

- *Affirmationen:* Ich fühle mich frei, glücklich, leicht und schön. Ich kann mir vom Leben nehmen, was ich zur Befriedigung meiner Bedürfnisse benötige. Ich akzeptiere mein Aussehen und meine Figur und habe so Energien frei, um das zu verändern, was mich körperlich an mir stört.

Zahnen bei kleinen Kindern

Wenn Säuglinge und Kleinkinder zahnen, dann bestrahlt man sie wahrend des Schlafes ca. 10 Minuten lang mit blauem Licht.

Zahnfleischprobleme

Entzündungen und Vereiterungen des Zahnfleisches werden mit Blau bestrahlt oder mit blauen Umschlägen behandelt (siehe Entzündungen). Die zusätzliche Behandlung mit Grün beruhigt das Zahnfleisch. Zu empfehlen sind Atem-

und Meditationsübungen mit Blau, das Zahnfleisch visuell in Blau »baden«.

- *Affirmationen:* Ich kann frei und ohne Behinderung zubeißen, nicht nur auf der äußeren physischen Ebene mit Hilfe der Zähne, sondern auch auf der emotionalen und gedanklichen Ebene. Ich kann mich emotional durch Hindernisse und Blockaden »durchbeißen«, und auf der geistigen Ebene kann ich ebenso Hindernisse und Berge »abbeißen« und mir dadurch einen klar vorgezeichneten Weg schaffen.

Verzeichnis der sieben Regenbogenfarben und ihrer Wirkungen in den sieben verschiedenen Ebenen

Wie im Kapitel »Die heilende Wirkung der sieben Regenbogenfarben« schon angesprochen, hat jede der sieben Farben sieben spezifische Eigenschaften, darüber hinaus wird jeder Farbe ein bestimmter Planet, Ton sowie das korrespondierende Chakra zugeordnet:

1. Ein physikalisches oder materielles Element.
2. Ein psychologisches Element.
3. Ein harmonisierendes oder materielles Element.
4. Ein vitales, kraftspendendes Element.
5. Ein heilendes Element.
6. Ein intuitives und inspirierendes Element.
7. Ein spirituelles Element;
   korrespondierender Planet;
   korrespondierende Chakra;
   korrespondierender Ton.

Im folgenden Verzeichnis finden Sie zu jeder Farbe die entsprechenden sieben Elemente sowie die korrespondierenden Planeten, Chakren und jeweiligen Töne nach der obigen Numerierung zugeordnet.

Rot

1. Kadium, Wasserstoff, Krypton, Neon.
   Rot-violett: Glukoseanbindung,
   purpurrot: Lithium,
   scharlachrot: Argon, Mangan,
   rot-orange: Kadium, Wasserstoff, Krypton, Neon.
2. Kampf, Tat, Handlung, Aktivität.
3. Lebensfreude, Lebenskraft.
4. Wärme, Feuer, körperliche Vitalität, physische Geborgenheit, physisch Neues.
5. Krankheiten des Blutes, Bewegungsstockungen, Herz, Lunge, Muskelerkrankungen, Rheuma, Ischias und Gicht (evtl. rosa = nicht so starker Effekt), Erwärmung des Blutes, Steigerung der Blutfrequenz, Blutzirkulation, Belebung, Anregung, Kraftvermehrung, wirkt auf Haut und Drüsen, rote Blutkörperchen bildend, Depression, Energiemangelzustände, niedriger Blutdruck, Impotenz, Frigidität, fehlende Periode nach der Geburt, Schwächezustände.
6. Sinne unterstützend.
7. Leben und Lebensenergie, Stärke und Autorität, Führungsqualitäten.
   Korrespondierender Planet: Einfluß des Planeten Mars.
   Korrespondierendes Chakra: Basis-Chakra.
   Korrespondierender Ton: C.

Orange

1. Aluminium, Kalzium, Kupfer.
2. Inspirierend und anfeuernd, unterstützt Soziales.
3. Mischung aus Lebensfreude, Lebenskraft und Wissen, Intellektualität, Freude (Sonnenaspekt), kombiniert physische Energie mit geistiger Kraft.
4. Körperliche und geistige Vitalität, emotionale Geborgenheit.
5. Unterstützt vitale Prozesse der Anpassung, Kreislauf, Blutzirkulation, wenn Rot zu anregend ist, Nierenschwäche, Verstopfung, Muskelkrämpfe und Verspannungen, zu wenig Energien, Allergien, Repressionen, emotionale Verspannungen und Unterdrückungen, wirkt kräftigend auf das Lungengewebe, drüsenanregend.
6. Freude und Wärme verbreitend, anregend, gut für Ideen und geistige Konzepte.
7. Übergang von der Farbe des Lebens Rot zur mehr geistigen und spirituellen Seite.
   Korrespondierender Planet: Merkur.
   Korrespondierendes Chakra: Milz-Chakra.
   Korrespondierender Ton: E.

Gelb

1. Karotine, Flavone, Kohlenstoff, Magnesium. *Grün-gelb:* Schwefel, Eisen.
2. Bewußtsein erweckend, Freude verbreitend.
3. Freude (Sonnenaspekt) und Leichtigkeit.
4. Geistige Vitalität, Neues, geistige Wärme, geistige Geborgenheit.
5. Nervenanregend und nervenstärkend, wirkt günstig auf die Ernährungsorgane; Magen, Darm, Leber, Milz, Blase werden gestärkt; Depressionen, Verstopfung, Blähungen, Allergien, Lebererkrankungen, Diabetes, Gallensteine, Muskelverspannungen, Asthma, wirkt gehirnanregend.
6. Nervenstärkend, verdauungsfördernd, nervenanregend.
7. Höheres Selbst und Seele, der geistige Teil von beiden.
   Korrespondierender Planet: Venus, Intelligenz.
   Korrespondierendes Chakra: Sonnengeflecht.
   Korrespondierender Ton: G.

Grün

1. Chlor, Stickstoff, Radium.
2. Balance, Ausgeglichenheit, Entspannung.
3. Ausgleich, Harmonie, Bezug zur Natur.
4. Durchhaltend, Beständigkeit, Kraft und Arbeit.
5. Nervensystem, Herzprobleme, hoher Blutdruck, Ermüdungserscheinungen, Asthma, Schlafstörungen, Ärger, Negativität, Paranoia, Krebs, nervöse Probleme, Streß.
6. Muskel- und gewebebildend.
   Grün-gelb: gehirnanregend, knochenbildend,
   türkis-blau: hautbildend, hautkräftigend.
7. Vertrauen, Loslassen-können, Gelassenheit.
   Korrespondierender Planet: Sonne.
   Korrespondierendes Chakra: Herz-Chakra.
   Korrespondierender Ton: H.

Blau

1. Sauerstoff, Cäsium.
2. Selbst-Ausdruck, es zieht zusammen, zieht nach innen zu dem eigenen Unbewußten.
3. Beruhigend, kühlend, entspannend.
4. Kontakt, Kommunikation, Verstehen wollen.
5. Antiseptischer Effekt, wirkt kühlend und schlaffördernd, beruhigender Effekt, kühlt Entzündungen, verändert Pulsfrequenz und Durchblutung, wirkt schmerzstillend und beruhigend; nässende Hauterkrankungen, Ekzeme, Herzangst, nervöse Herzbeschwerden, Schilddrüsenüberfunktion, Halsschmerzen, Verbrennungen, Ohrinfektionen, Geschwüre, Kieferentzündungen, Rückenschmerzen, Hämorrhoiden, Sehnenentzündugen, Erregbarkeit, Koliken, Gehirnerschütterungen.
6. Neugierde, tiefes Interesse, Forschungsdrang.
7. Wahrheit, Wissenschaft und Entwicklungen, Loyalität, Verläßlichkeit, Beziehung zum Unbewußten, Farbe der Meditation.
   Korrespondierender Planet: Einfluß des Jupiters, Idealismus und Religion.
   Korrespondierendes Chakra: Kehlkopf-Chakra.
   Korrespondierender Ton: D.

Indigo

1. Wismut, Kobalt.
2. Erweitert das Bewußtsein, reinigt die Schwingungen der Aura (der feinere Körper des Menschen).
3. Zwischen Kommunikation (Wasser) und Spiritualität (Individualität).
4. Tiefer Kontakt auf heilender Ebene.
5. Krankheiten der Augen, der Nase und der Ohren, bei nervösen und geistigen Störungen, Durchfall, Darmbeschwerden; wirkt anregend auf Hypophyse und seelische Erschöpfung; blutreinigend.
6. Seelisch anregend.
7. Beeinflußt Qualität der Sinne im physischen sowie in geistigen und spirituellen Bereichen.
   Korrespondierender Planet: Einfluß des Neptuns.
   Korrespondierendes Chakra: Drittes Auge.
   Korrespondierender Ton: F.

Violett

1. Aktinium, Strontium
   Rot-violett: Glukoseanbindung.
2. Verbindung zur Spiritualität, zum Kosmos.
3. Spiritualität, Individualität.
4. Spirituelle Kommunikation und Kontakt.
5. Wirkt besonders im geistigen und spirituellen Bereich, Depressionen, Migräne, Glatze, Schuppen, blaues Auge (»Veilchen«), Epilepsie, Meningitis, geistige Störungen, nervöse Störungen.
6. Milzbildend, lymphanregend, spirituell anregend.
7. Farbe des Scheitel-Chakras; hat die feinsten Schwingungen, Farbe der Spiritualität, Verbindung zum Kosmos, tiefes inneres Wissen.
   Korrespondierender Planet: Saturn (118).
   Korrespondierendes Chakra: Scheitel-Chakra.
   Korrespondierender Ton: A (119).

Rosa und die helleren Rottöne

Korrespondierender Planet ist die Venus.

Braun
Korrespondierender Planet ist der Saturn, Limitation und Einschränkung. (120)

Alle helleren Brauntöne
Korrespondierender Planet ist der Uranus.

Alle dunkleren Farbtöne
Korrespondierender Planet ist der Pluto.

Verzeichnis der Organe, ihrer psychischen Entsprechung sowie der entsprechenden Farben

Organ	**psychische Entsprechung**	**Farbe**
After	Organ der Ausscheidung im weitesten Sinne; Schlechtes wird hier abgegeben, »Müllabfuhr«	Rot
Arterien	Transportieren Lebensfreude, Lebenskraft, Vitalität	Rot
Augen	Fähigkeit, klar zu sehen: die Zukunft, Vergangenheit und Gegenwart, Einsicht	Indigo
Blase	Druck loslassen, alte Ideen loslassen, Angst loslassen	Gelb
Blut	Vitalität, Lebenskraft; Freude, mit dem Leben fließen zu können	Rot
Brüste	Mütterlichkeit, Ernährung im weitesten Sinne	Orange
Dickdarm	Geiz, Kontrolle, nicht Geben können	Orange
Dünndarm	Verarbeitung, Analyse, Aufarbeitung	Gelb

Organ	psychische Entsprechung	Farbe
Drüsen	Aktivität von inne, selbstgesteuerte Aktivität	Rot/Orange
Eierstöcke	Kreativität, Schöpfung, Neubeginn	Rot
Ellbogen	Wechselnde Richtungen im Leben, Akzeptieren von neuen Ideen und Erfahrungen/Lebensformen	Orange (Rot und Gelb)
Finger	Stehen für die Einzelheiten im Leben	Grün (Orange/Blau)
Finger- und Fußnägel	Aggression	Rot
Füße	Verständnis für uns selbst, andere und das Leben, Verwurzelung, Standhaftigkeit	Grün
Galle	Stolz, Bitterkeit, Enttäuschung, Verachtung	Rot/Orange
Gehirn	Schaltzentrale, Computer, Kontrolle über unser Leben	Violett/Grün
Genitalien	Sexualität, Individualität, das Maskuline und Feminine	Rot
Gesicht	Was wir der Welt zeigen	Blau/Indigo
Glieder	Flexibilität, Aktivität, Beweglichkeit	Rot
Haare	Freiheit	Blau
Hals	Angst, aber auch die Fähigkeit, die Dinge zu	Blau

Organ	**psychische Entsprechung**	**Farbe**
	sehen, die nicht direkt im Blickfeld sind, beweglich zu sein	
Hände	Begreifen; Handlungsfähigkeit, das Leben anzupacken	Rot
Haut	Individualität, Abgrenzund nach außen, Kontakt, Zärtlichkeit	Orange/Gold
Herz	Unser Zentrum von Liebe und Sicherheit, Liebesfähigkeit	Rosa/Grün
Hoden	Maskulinität	Rot
Hüfte	Trägt den Körper mit perfekter Balance/Ausgeglichenheit	Grün
Hypophyse	Hauptdrüse des Abwehrsystems	Violett
Kiefer	Zubeißen können, anpacken, handeln können	Blau/Grün
Knie	Stolz und Ego	Blau
Knochen	Struktur des Körpers und des Universums	Indigo
Knöchel	Beweglichkeit, Richtung	Blau/Grün
Leber	Sitz primitiver Gefühle, Wertung, Weltanschauung, Verarbeitung (Verwertung) des Lebens	Gelb

Organ	psychische Entsprechung	Farbe
Lunge	Fähigkeit, das Leben aufzunehmen; Freiheit, im Leben atmen zu können	Rot
Magen	Aufnahmefähigkeit, Verdauung von Ideen (Nahrung im weitesten Sinn)	Gelb/Orange
Milz	Sitz des Ärgers	Rot
Mund	Aufnahme- und Wiedergabebereitschaft von neuen Ideen und Nahrung	Gelb und Blau
Muskeln	Beweglichkeit, Flexibilität, Aktivität, Handlungsfähigkeit	Rot
Nacken	Flexiblilität; Fähigkeit, die andere Seite eines Problems zu sehen	Grün
Nase	Selbst-Erkenntnis	Indigo
Nerven	Kommunikation; Reporter innerhalb des Körpers und nach außen	Indigo/ Violett
Nieren	Partnerschaft; Fähigkeit zu teilen (Erfahrungen zu teilen)	Blau
Ohren	Fähigkeit zu hören, anderes gelten zu lassen; neugierig auf Neues zu sein	Blau
Pankreas	Steht für das »Süße« im Leben, für die Liebe im Leben	Orange

Organ	psychische Entsprechung	Farbe
Penis	Macht, aber auch Geben können	Rot
Prostata	Maskulinität	Rot
Rücken	Unterstützung des Lebens, Aufrichtigkeit	Rot
Scheide	Feminität, Fähigkeit, nehmen zu können	Blau
Schilddrüse	Kommunikation im weitesten Sinne: mit sich selbst, mit anderen, mit der Natur und dem Universum	Blau
Wirbelsäule	Bewegliche Unterstützung des Lebens, Flexiblität, Fähigkeit zur Veränderung	Rot
Zähne	Entscheidungsfähigkeit, Vitalität	Rot
Zahnfleisch	Urvertrauen; Fähigkeit, zu Entscheidungen zu stehen; Klarheit im Leben	Blau

Literaturverzeichnis

1. Bentov, Itzhak: *Stalking The Wild Pendulum,* New York, 1976
   Cole, K. C.: *Sympathetic Vibrations,* New York, 1985
   Kaku, Michio, Dr.: *Beyond Einstein,* New York, 1987
   Hawking, Stephen, Dr.: *A Brief History of Time,* London, 1988
   Gibbin, John: *In Search of Schrödinger's Cat,* 1988
2. Sheldrake, Ruprecht, Dr.: *A new Science of Life,* London, 1988
   Sheldrake, Ruprecht, Dr.: *The Presence of the Past,* London, 1989
3. Watson, Lyall, Dr.: *Supernature,* England, 1974
   Watson, Lyall, Dr.: *The Biology of Death,* England, 1974
4. Capra, Fritjof: *Wendezeit,* München, 1982
5. Ouseley, S. G. J.: *The Power of the Rays,* Exeter, England, 1986
6. Sabetti, Stephano: *Lebensenergie,* Hamburg, 1987
   Bieri, Edgardo: *Spirituelle Medizin,* München, 1988
7. Tietze, Henry: *Die entschlüsselte Organsprache,* a.a.O.
8. Soo, Chee: *The Chinese Art of T'ai Chi Ch'uan,* England, 1986
9. Moore, John: *Being in Your Right Mind,* England, 1984
10. *The New Encyklopaedia Britannica,* Vol. 16, 15th Edition, Colour

11. *Neues Hauslexikon in 10 Bänden,* Mannheim 1981, Licht und Farbe
12. Gurwitsch, A.: *Das Problem der Zellteilung,* Berlin, 1932
13. Popp, Fritz, Dr.: *Biologie des Lichtes,* Hamburg, 1984
14. Eberhard, Lilly, Prof.: *Heilkrafte der Farben,* München 1984
15. Ott, John, Dr.: *Health and Light,* USA
16. Lüscher, Max, Dr.: *Der Lüscher-Test,* Hamburg, 1971
17. Feldenkrais, Moshe: *Bewußtsein durch Bewegung. Der aufrechte Gang,* Frankfurt, 1978
    Rywerant, Yochanan: *Die Feldenkrais-Methode,* München 1987
18. Schiegl, Heinz: *Color-Therapie,* Freiburg, 1986
19. Pschyrembel: *Klinisches Wörterbuch,* Berlin, 1986
20. Karl, Josef: *Über pflanzliche Farbstoffe,* Naturheilpraxis, 8/88
21. Ghadiali, D. P., Dr.: *Spectro-Chrome-Metry,* Spectro-Chrome-Institut, New-Jersey
22. Kenton,L. + S.: *RawEnergy,* London, 1988
23. Stein, Werner: *Kulturfahrplan,* München, 1968
24. Watson, Lyall, Dr.: *Lightening Bird,* England, 1983
25. Burke, R. M.: *Cosmic Consciousness,* 1961
26. *The New Encyklopaedia Britannica,* Volume 16, 15th Edition, Colour
27. Goethe, Johann Wolfgang von: *Farbenlehre,* Stuttgart, 1979
28. Haich, Elisabeth: *Die Einweihung,* München, 1985
29. Schiegl, Heinz: *Color-Therapie,* a. a. O.
30. Porkert, Manfred, Dr.: *Die chinesische Medizin,* München, 1986
31. Eberhard, Lilly: *Heilkräfte der Farben,* a. a. O
32. Babitt, Edwin, Dr.: *The Principle of Light and Color,* New York, 1967
33. Eberhard, Lilly: *Heilkräfte der Farben,* a. a. O.
34. Birren, Faber: *Light, Color and Environment,* 1969

35. Wood, Betty: *The Healing Power of Colour,* 1984
36. Langsdorff von, Georg, Dr.: *Die Lichtfarbenstrahlen,* Wiesbaden, 1900
37. Besant, Annie/Leadbeater, C. W.: *Thought Forms,* USA, 1980
38. Bailey, Alice: *Esoteric Healing,* London, 1984
39. Steiner, Rudolf: *Vom Wesen der Farben,* 1986
40. Surya, G. W.: *Moderne Rosenkreuzler,* 1931
41. Schliephacke, Bruno: *Farbe und Heilweise,* 1931
42. Rosotti, Hazel: Colour, *Why the World isn't grey,* England, 1969
43. Wood, Betty: *The Healing Power of Colour,* a. a. O.
44. Gimbel, Theo: *Healing Through Colour,* England, 1980
45. Mandel, Peter: *Praktisches Handbuch der Farbpunktur,* 1986
46. Baker, Douglas, Dr.: *Esoteric Healing,* England, 1975
47. Goethe, J. W. v.: *Farbenlehre,* a. a. O.
48. Ouseley, S. G. J.: *The Power of the Rays,* a. a. O.
49. Bacon, Francis: *The Great Instauration,* 1605, siehe: *The Oxford Companion to English Literature,* London, 1985
50. Shreeve, C., Dr.: *Colour Healing,* Journal of Complementary Medicine, January, 1989
51. Quest, *Adventures in the World of Science, Futures: Electro. Magnetic Man,* p. 30, (1989)
52. Baker, Douglas, Dr.: *Esoteric Psychology,* The seven Rays, England, 1975
    Abraham, Kurt: *Threefold Method for Understanding the Seven Rays,* USA, 1984
53. Leadbeater, Charles: *The Chakras,* 1985
54. Ouseley, S. G. J.: *The Power of the Rays,* a.a.O
55. Ferguson, Marilyn: *The Aquarian Conspiracy,* 1985
    Ripota, Peter: *Die Geburt des Wassermann-Zeitalters,* München 1987
56. Cousto: *Die Kosmische Oktave,* Essen, 1984
    Hannan, Dorice: *To Point a Rainbow,* München, 1987

57. Beck, Lilla/Wilson, Annie: *What Colour Are You?* England, 1983
58. Wood, Betty: *The Healing Power of Colour,* a. a. O.
59. Hunt, Roland, Dr.: *The Seven Keys to Colour Healing,* England, 1981
60. Bopst, Harold: *Colour and Personality,* USA
61. Goethe, *Farbenlehre,* a. a. O.
62. Riedel, Ingrid: *Farben,* Stuttgart, 1987
63. Dethlefsen, Thorwald: *Krankheit als Konflikt,* München, 1988
64. Barcsay, J.: *Anatomie für Künstler,* Wiesbaden, 1978
65. Faller, A.: *Der Körper des Menschen,* 1980
    Vester, F.: *Denken, Lernen, Vergessen,* Stuttgart, 1978
66. Pschyrembel, *Klinisches Wörterbuch,* Berlin, 1986
67. Rywerant, Y.: *Die Feldenkrais-Methode,* a. a. O.
    Arnould-Taylor, W.: *The Principles and Practice of Physical Theory,* 1982
    Cunningham's Manual of Practical Anatomy, London, 1971
    Barlow, W.: *The Alexander Principle,* London, 1973
68. Jensen, Bernard: *Doctor-Patient-Handbook,* California, 1976
69. Bates, William: *Better Sight,* London, 1967
70. Porkert, Manfred, Dr.: *Die chinesische Medizin,* a. a. O.
71. Illich, Ivan: *Limits to Medicine: Medical Nemesis,* London
72. Tietze, Henry: *Imagination und Symbolbedeutung,* München, 1986
73. Tietze, Henry: *Imagination und Symbolbedeutung,* a. a. O.
74. Meyer, Robert, Dr.: *Trough Diveded Minds,* USA, 1988
75. Watson, Lyall, Dr.: *Supernature,* London, 1973
    Watson, Lyall, Dr.: *Supernature II*
    Bonewitz, Ra: *Cosmic Crystals,* 1986

76. Ostrom, Joseph: *You and Your Aura,* England, 1987
77. Hill, Ann: *Illustriertes Handbuch Alternativer Heilweisen,* 1980
78. Beck, Lila: *The Seven Levels of Healing,* 1986
    Johanson, Tom: *Release your inner Healing Power,* London, 1986
79. Ostrom, Joseph: *You and Your Aura,* a. a. O.
80. Wood, Betty: *The Healing Power of Colour,* a. a. O.
81. *College for Psychic Studies,* Kensington, London
82. Gebser, Jean: *Ursprung und Gegenwart,* 1986
    Riedel, Ingrid: *Farben,* a. a. O.
    Color Symbolism, USA, 1977
83. Leadbeater, Charles: *The Chakras,* a. a. O.
84. Schoenmaker, Mario: *The New Claivoyant,* 1986
85. Sherwood, Robin: *Wenn Frauen zu sehr lieben,* 1988
    Peck, M., Dr.: *The Road Less Travelled,* London, 1978
86. Cowan, C., Dr./Kinder, M., Dr.: *Smart Women Follish Choices,* London, 1986
87. Cayce, Edgar: *Readings on Home and Marriage,* New York, 1987
    Dethlefsen, Thorwald: *Schicksal als Chance*
    Baker, Douglas, Dr.: *The Jewel of the Lotus,* a. a. O.
    Leadbeater, Charles: *The Inner Life,* London, 1983
88. Hill, Ann: *Illustriertes Handbuch Alternativer Heilweisen,* a. a. O.
89. Ouseley, S. G. J.: *Colour Meditations,* 1986
90. Mason, John, PhD: *Guide to Stress Reduction,* California, 1980
91. Wilson, Paul: *The Calm Technique,* 1985
92. Baker, Douglas, Dr.: *The Jewel of the Lotus,* a. a. O.
    Jensen, Bernard: *Doctor-Patient Handbook,* a. a. O.
93. Lüscher, Max, Dr.: *Der Lüscher-Test,* Rowohlt, 1971
94. Lüscher, Max, Dr.: *Der 4-Farben-Mensch,* Düsseldorf
95. Heiss, R. /Halder, P.: *Der Farbpyramidentest,* Stuttgart, 1975

96. Frieling, Heinrich, Dr.: *Mensch und Farbe,* München, 1988
97. Locke, Steven, M. D./Colligan, Douglas: *The Healer Within;* New York, 1986
Wilson, Paul: *The Calm Technique,* 1985
98. Borysenko, Joan, PhD: *Minding the Mind, Mending the Body,* New York, 1988
Meyer, Robert: *Through Divided Minds,* a. a. O.
99. Bloomfield, Harold, Dr.: TM, *How Meditation can reduce Stress,* London, 1984
Russell, Peter: *The Awakening Earth,* London, 1984
Hill, Ann: *Illustriertes Handbuch der alternativen Heilweisen,* a. a. O.
Moss, Thelma, Dr.: *The Probability of the Impossible,* USA, 1976
100. Johari, Harish: *Chakras, Energie Centres of Transformation*
101. Gardner, Joy: *Color and Rystals,* USA, 1988

weitere Literatur zu den Chakren:
Landsdowne, Zarachy F., Dr.: *The Chakras and Esoteric Healing,* USA, 1987
Karagulla, Shafica, Dr.: *The Chakras and the Human Energy Fields,* Wheaton, USA, 1989
Leadbeater, Charles: *The Chakras,* a. a. O.
Uhl, Marianne: *Chakra Energie Massage,* 1988

102. Ouseley, S. G. J.: *The Power of the Rays,* a. a. O.
103. Hunt, Roland, Dr./Amber, Reuben, Dr.: *Color Therapie,* New York, 1983
104. Dethlefsen, Thorwald: *Krankheit als Konflikt,* a. a. O.
105. Tietze, Henry G.: *Entschlüsselte Organsprache,* München, 1987
106. Dethlefsen, Thorwald: *Krankheit als Konflikt,* a. a. O.

107. Muths-Franz, Christa: *Reflexology,* unveröffentlichtes Manuskript, 1987
108. Dethlefsen: a. a. O.
109. Overbeck, G. und A.: *Seelischer Konflikt, körperliches Leiden,* 1978
110. Dethlefsen, Thorwald: *Krankheit als Konflikt,* a. a. O.
111 Hay, Louise: *You Can Heal Your Life,* a. a. O.
112. Tietze, Henry: *Die entschlüsselte Organsprache,* a.a.O.
Geo, April 1989
Porkert, Manfred: *Die chinesische Medizin,* a. a. O.
114. Hay, Louise: *You Can Heal Your Life,* a. a. O.
115. Vester, Frederic: *Neuland des Denkens,* Frankfurt, 1988
116. Tietze, Henry: *Entschlüsselte Organsprache,* a. a. O.
117. Stead, Christine: *Aromatherapie,* 1987
Lautie, Raymond: *Aromatherapie,* England, 1985
Price, Shirley: *Practical Aromatherapy,* England, 1987
118. Der Planet Saturn gehört in die von Paracelsus aufgestellte Ordnung, siehe:
Hinze, O. M.: *Tantravidya,* Zürich
119. Die folgenden Autoren haben sich mit dem Zusammenhang von Farben und Tönen beschäftigt:
Hannan,Dorice: *To Paint a Rainbow,* 1987
Gimbel, Theo: Healing *Trough Colour,* 1988
Cousto: *Die kosmische Oktave,* Essen, 1984
120. Mario Schoenmaker ordnet dem Saturn die Farbe Braun zu, siehe: Schoenmaker, Mario: *The New Clairvoyant,* a. a. O.

Kleines Lexikon der Krankheiten